L'UNIVERSITÉ

DE

BESANÇON

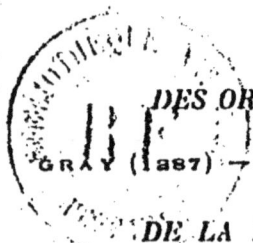

DES ORIGINES A LA RÉVOLUTION

GRAY (1287) — DOLE (1422) — BESANÇON (1691)

DE LA RÉVOLUTION A NOS JOURS

ORGANISATION ACTUELLE

BESANÇON

DODIVERS, IMPRIMEUR DE L'UNIVERSITÉ
87, Grande-Rue, et rue Moncey, 8 bis

MDCCCC

L'UNIVERSITÉ

DE BESANÇON

SES ORIGINES — SON ORGANISATION ACTUELLE

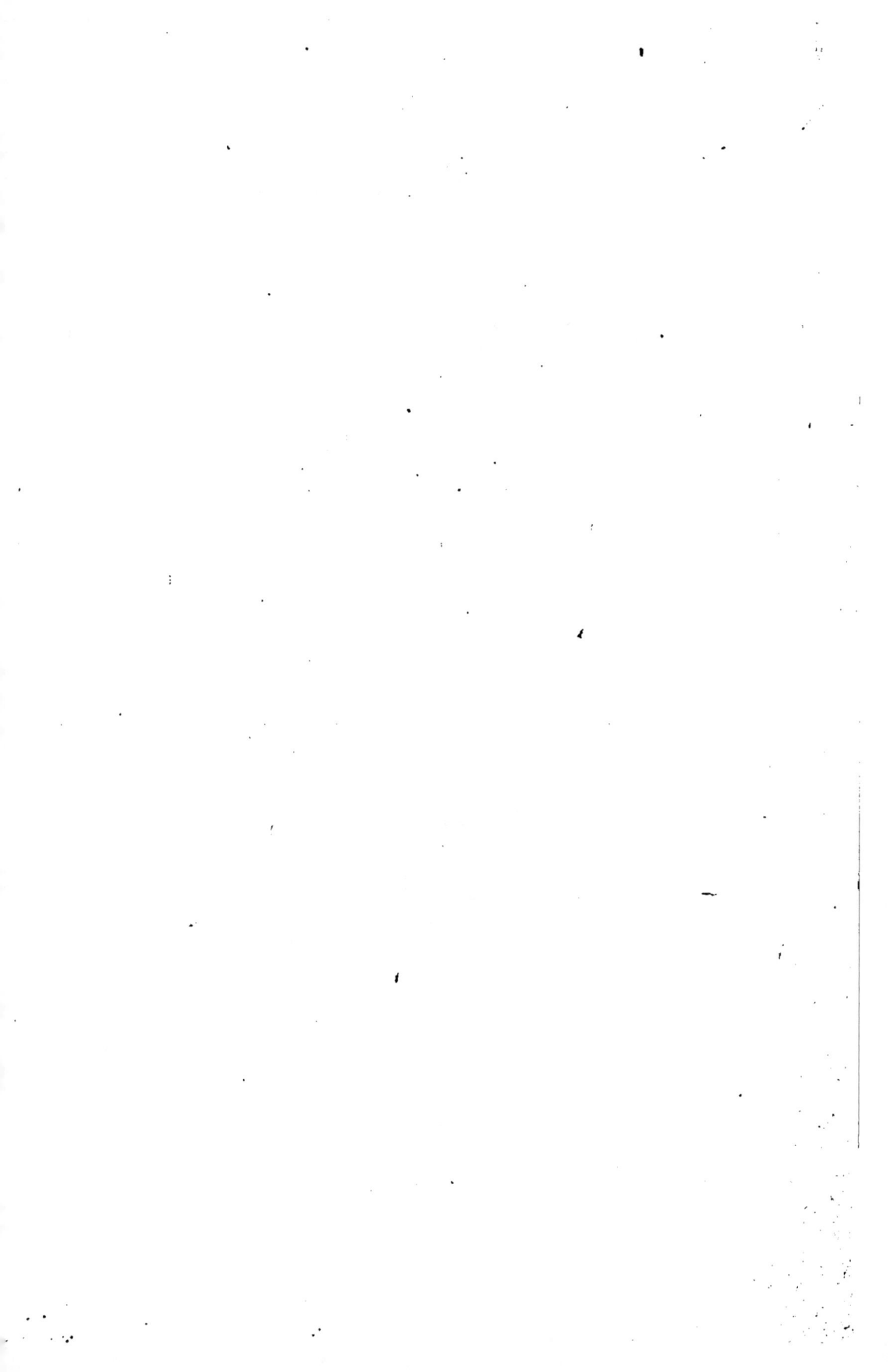

L'UNIVERSITÉ

DE

BESANÇON

———

DES ORIGINES A LA RÉVOLUTION

GRAY (1287) — DOLE (1422) — BESANÇON (1691)

DE LA RÉVOLUTION A NOS JOURS

ORGANISATION ACTUELLE

BESANÇON

IMPRIMERIE ET LITHOGRAPHIE DODIVERS
87, Grande-Rue, et rue Moncey, 8 *bis*
—
MDCCCC

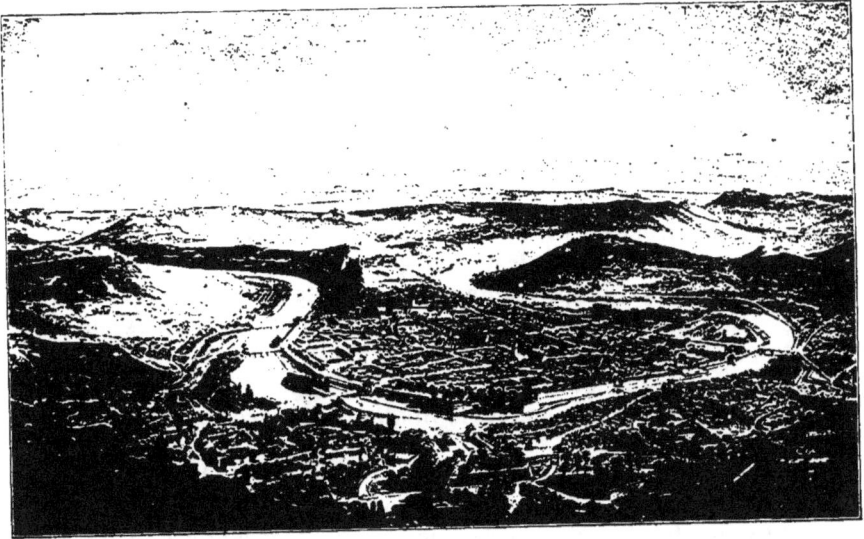

M. BOUTTERIN, del.
(DÉPOSÉ)

BESANÇON

A. ROBARDET, éditeur.
(REPRODUCTION INTERDITE)

UNIVERSITÉ DE BESANÇON

I

DES ORIGINES A LA RÉVOLUTION

En 1287, sous l'inspiration d'un cordelier, Gui de Gy, qui devint évêque de Tibériade et suffragant de Besançon, le dernier comte de Bourgogne Othon IV, chaud partisan de la France, pour laquelle il devait mourir en 1303, conçut le projet de fonder une université comtoise. Par deux chartes datées de Paris, en juillet et août de la même année, il notifia à Gui de Gy qu'il lui donnerait la direction de cette fondation, dont sa ville domaniale de Gray-sur-Saône deviendrait le siège, et apprit à toute la chrétienté son dessein, en promettant toutes sortes d'immunités aux professeurs, élèves, praticiens, libraires, relieurs et simples servants qui répondraient à son appel et viendraient faire jaillir les sources de la science ou s'y abreuver. Nicolas IV pourvut, en 1291, d'une bulle confirmative le *Studium Grayacense,* et ce fut tout:

Le généreux projet d'Othon IV fut enseveli dès le berceau, et il fallut presque un siècle et demi pour qu'un autre prince, le duc Philippe le Bon de Bourgogne, reprit et exécutât l'idée de son devancier. Stimulé par trois de ses conseillers Robert de Baubigny, abbé de Saint-Paul de Besançon, Jean Chousat, de Poligny, et Etienne Basan, de Dole, le duc fit solliciter et obtint en cour de Rome les bulles nécessaires pour ériger, non plus à Gray, mais à Dole devenue la capitale du Comté et le siège d'un parlement, une université qui fournirait à la fois les tribunaux de légistes, le diocèse de théologiens, les écoles publiques de maîtres ès-arts, les centres les plus populeux de médecins. Sollicité par une ambassade composée de l'archidiacre de Langres, Jean Jobert, du chanoine Jean de Fruyn, de Poligny, et du secrétaire du duc, Guillaume Penillot, Martin V accorda des bulles de création dès 1422. En 1423, le duc Philippe fit sceller les patentes d'érection et de dotation de l'université doloise et ne

2

cessa jusqu'à sa mort de veiller avec une paternelle sollicitude sur son organisation, ses besoins et ses progrès.

Les débuts du *Studium Dolanum* furent modestes, en rapport d'une part avec les ressources en argent dont il disposa au xv⁰ siècle, d'autre part avec les ressources en hommes : écoliers ou régents, qu'un pays pauvre pouvait fournir. Ses statuts puisés dans les constitutions des plus célèbres universités françaises ou étrangères furent soigneusement élaborés, puis retouchés, prévoyant tous les détails de l'élection du recteur, du choix des professeurs ou suppôts, de l'administration supérieure ou intérieure de l'université, et dès le mois de juillet 1424 l'enseignement commença.

En 1479 la prise de Dole et son anéantissement par les troupes françaises, anéantit l'université ; Louis XI la transporta nominalement à Poligny, en 1480, Charles VIII la rendit à Dole en 1483 en lui donnant les subsides nécessaires pour rebâtir l'auditoire des cours, détruit six ans auparavant avec la majeure partie de ses archives. Philippe le Beau, Marguerite d'Autriche, Charles-Quint, protégèrent l'université renaissante, qui connut au xvi⁰ siècle sa plus grande splendeur. Philippe II lui donna, en 1570 un monopole sur tous les Comtois, en ne laissant à ces derniers le choix qu'entre deux universités au monde, Dole ou Rome. A l'affluence de nombreux écoliers des deux Bourgognes se joignit insensiblement un fort contingent de jeunes Allemands des deux rives du Rhin et même des bords du Neckar ou du Danube, venant s'initier à la langue française et de Flamands envoyés des Pays-Bas par les grandes familles de Bruxelles, d'Anvers et de Bruges. Si le mécanisme des facultés, de leur enseignement, de leur discipline, si le recrutement de leurs professeurs nous sont connus par les précieuses annales de l'université ou par ses délibérations conservées presque au complet dans nos dépôts publics, si les noms des Boisset, des Lulle-en théologie; des Marenches, des de Roche, des Gatinara, des Stratius, des Saint-Mauris, des Chifflet, en droit; des Héberlin, des Casenat, des Camerarius, en médecine; des Poissenot, des Juste-Lipse, des Gollut, des Babet en philosophie ou en belles-lettres ont survécu à l'oubli, nous connaissons en outre la vie intime de l'université de Dole au xvi⁰ siècle. Un étudiant tyrolien, Luc Geizkoller, écrivant ses mémoires, a décrit beaucoup mieux et plus impartialement que n'aurait pu le faire un Franc-comtois l'état social de Dole et de son université de 1572 à 1577, au lendemain de la Saint-Barthélemy, et a donné sur le fonctionnement des divers cours, sur le cérémonial des examens, sur les facilités relatives accordées aux étudiants étrangers des détails pleins d'intérêt.

Au xv⁰ siècle une rivalité sérieuse, celle de la ville impériale de Besançon, pourvue, en 1450, de bulles d'érection d'une université par Nicolas V, avait menacé l'université doloise. Au xvi⁰ siècle de nouvelles tentatives furent essayées par les Bisontins avec l'appui effectif de l'Empire et la bienveillance un instant conquise de la papauté. Mais, en 1567, grâce à des démarches répétées et influentes Dole gagna son procès et Pie V annula les bulles de ses prédécesseurs en gardant aux Dolois un monopole chèrement défendu.

Et de la sorte, appuyée sur trois collèges : celui de l'Arc ou collège de grammaire que les Jésuites allaient développer et rendre célèbre, celui de Cîteaux, ouvert par les Bernardins, celui de Saint-Jérôme, créé par les Bénédictins de Cluny, l'université traversa la fin du xvi⁰ siècle et les deux tiers du xvii⁰, mêlée aux évènements terribles, qui précédèrent, accompagnèrent ou suivirent la guerre de Trente ans. Sa prospérité en fut singulièrement atteinte mais son renom subsista, et quand, vaincue deux fois par les armes de Louis XIV, en 1668 et en 1674, la Franche-Comté capitula et fut définitivement séparée de l'Espagne, Besançon, devenu capitale du comté de Bourgogne, ravit à Dole découronnée les plus beaux fleurons de sa gloire passée : le Parlement et l'Université. Ce ne fut qu'en 1691 que Louis XIV signa les patentes qui fixaient dans la nouvelle capitale l'ancienne université dotée par Philippe le Bon. Elle n'y entra qu'amoindrie, la faculté de droit seule y garda, y développa même son importance, celle de théologie rattachée au grand séminaire compta de nombreux élèves, celle de médecine suivit d'un peu loin ses aînées; quant à celle des arts, on ne la reconstitua point. Et l'on eut ce singulier spectacle de voir les trois facultés survivantes donner des grades de belles-lettres à des élèves sortis des nombreux collèges ou séminaires que la volonté royale avait agrégés à l'université de Besançon, sans que celle-ci possédât jamais le moindre professeur de littérature ou d'histoire.

La faculté de droit de Besançon de 1691 à 1792 jouit dans toute la province et dans les provinces voisines, Lorraine, Alsace et Bourgogne d'une légitime réputation et son enseignement honoré par des hommes tels que Mareschal de Longeville, Ferdinand Des Potots, Talbert, l'historien Dunod de Charnage, d'Auxiron, Courvoisier, Seguin, forma nombre de jurisconsultes et de magistrats distingués. Cette science du droit a eu de tout temps pour les intelligences comtoises, vigoureuses, tenaces et pénétrantes, un attrait prodigieux, et c'est par centaines que les juristes éminents, ou les avocats célèbres se comptent dans les fastes de la province. Malgré l'érection d'une faculté rivale à Dijon en 1722, obtenue par les intrigues d'un transfuge de la faculté de Besançon, malgré la suppression de l'université en 1793, l'enseignement du droit conserva tout son éclat à Besançon jusqu'à l'aurore du xixᵉ siècle, grâce à l'Ecole centrale où professaient Grappe, Dorothée Clerc et Proudhon. Le jour, prochain espérons-le, où l'université de Besançon, reconstituée, retrouvera sa faculté de droit, ravivera au profit de tous une tradition qui n'est point oubliée et donnera aux Bisontins qui la réclament depuis plus de quatre-vingts ans, une légitime satisfaction.

La faculté de théologie fort réduite et installée au grand séminaire, dut quelques succès au professorat de Jean-Baptiste Bullet, l'auteur du *Dictionnaire de la langue celtique* et de nombre de dissertations estimées sur l'histoire de France, et de ses successeurs, Antoine Belon et l'abbé Jacques.

Enfin la faculté de médecine, produisit nombre d'excellents praticiens, formés par des maîtres tels que les deux Garinet, René Charles, Claude-François Atthalin, Gabriel Lange, Nicolas Rougnon, Claude-Joseph France, médecins estimés et professeurs d'un réel savoir, si l'on en juge par les publications nombreuses sorties de leur plume, et les manuscrits de leurs cours.

Quand l'université fut balayée par la tourmente de 1793, son souvenir resta cher à une province et à une cité qui en étaient justement fières et quand les temps devenus plus calmes firent entrevoir et espérer une renaissance, tous les bons esprits souhaitèrent et tous les pouvoirs publics sollicitèrent et obtinrent la restitution au moins partielle de l'ancienne université de Besançon, revendiquée comme un patrimoine.

L'université de Besançon, à la réserve d'un petit sceau où étaient gravées ses armes : de gueules au bras vêtu d'or, mis en pal tenant un livre fermé, mouvant et descendant d'un nuage d'azur et d'argent, entourées de cette légende : UNIVERSITAS BISONTINA, sommées et soutenues d'une tête d'ange, se servit jusqu'à la fin pour sceller ses diplômes des sceaux de l'Université de Dole, son aïeule.

Le grand sceau rond, mesurant 60 millimètres de diamètre, portait disposés dans trois niches gothiques, au centre la Vierge et l'Enfant, à sa droite S. Nicolas, à sa gauche S. Pierre. Sur le socle un écu : le lion billeté du comté de Bourgogne : *S. Magnum : alme : universitatis : studii : dolani :*

Le petit sceau ou contre sceau, rond, de 26 millimètres, représentait Apollon émergeant d'un demi-soleil et semblant professer (ou éclairer). Légende *S: Secretum : philosophie :*

Le costume des professeurs de Dole et de Besançon resta invariablement, du xvie au xviiie siècle (nombre de portraits en témoignent), composé d'une robe d'écarlate avec chaperon ou camail de même étoffe, bordés d'hermine.

Les bâtiments de l'université de Dole, reconstruits après 1483 et renouvelés depuis à l'angle des rues des Arènes et de Mont-Roland, furent, en 1700, affectés au bailliage présidial et ont perdu tout caractère.

Besançon, écrasé par toutes les charges militaires dont l'occupation française l'avait grevé, ne trouva pas de ressources pour installer d'un façon convenable l'université et ce fut dans quelques salles louées par les Grands-Carmes, dans leur immense couvent faisant face aux jardins de Granvelle, que les cours, les examens, les solennités universitaires de toute sorte s'accomplirent jusqu'à 1791. Il était question de construire un auditoire pour les cours de droit et de médecine, au voisinage du Palais de Justice et l'intendant du comté de Bourgogne s'occupait d'en faire dresser les plans, mais l'ancien régime s'écroula emportant avec lui toutes les institutions du passé, avant que ces projets aient abouti.

J. GAUTHIER,
Archiviste du département du Doubs.

SOURCES MANUSCRITES ET IMPRIMÉES

DE L'HISTOIRE DE L'UNIVERSITÉ FRANC-COMTOISE (1)

I. — Documents et manuscrits

Fonds des Universités de Dole et Besançon aux Archives du Doubs

Bulle originale de Martin IV, portant établissement de l'Université de Dole, 1422. — Patentes du duc Philippe le Bon, créant ladite Université, 1423. — Bulles d'Eugène IV, créant une faculté de théo· logie à Dole, 1437. — Rétablissement de l'Université de Dole par Charles VIII, 1483. — Confirmation des privilèges universitaires par Charles-Quint, 1531, et Philippe II, 1555-1569. — Mandement de Philippe II, interdisant aux Francs-Comtois d'étudier ailleurs qu'à Dole, sauf à Rome, 1570. — Bulle de Pie V, révoquant les bulles de ses prédécesseurs contraires à l'Université de Dole, 1567. — Bulle de Clément VIII, créant une Université à Besançon, 1592. — Correspondance de l'Université de Dole avec le pape et l'empereur pour empêcher la création de cet établissement rival. — Confirmation des privilèges, par Philippe IV, 1655. — Patentes de Louis XIV, transférant l'Université de Dole à Besançon, 1691. — Préséance disputée par l'Université au Parlement, 1697. — Agrégation des Jésuites de Besançon à l'Université, 1699. (*Arch. du Doubs*, D 1.)

Patentes et édits royaux ou arrêts du Conseil : réunissant à l'Université les offices de greffier et garde des archives des facultés, 1704 ; réglant l'étude de la médecine, 1707 ; unissant le prieuré de Mouthier-Hautepierre à la chaire de théologie, 1765 ; maintenant l'Université de Besançon dans ses privilèges, 1711 ; réglant les degrés de parenté pour pouvoir siéger dans la même université, 1712 ; droit de franc-salé ; opposition à l'établissement d'une Université à Dijon, 1722-24 ; union du prieuré de Vaucluse à l'Université de Besançon pour la dédommager, 1729 ; bulle de Benoît XIII confirmant cette union. (*Ib.* D 2.)

Traités d'agrégation des Jésuites de Lyon, du séminaire Saint-Sulpice d'Autun, des collège et séminaire de Belley (en Bugney) à l'Université de Besançon, 1739-1758 ; agrégation des collèges de Besançon, Gray, Dole et Vesoul, 1765 ; pension annuelle de 1,000 l. sur les

(1) Ces renseignements bibliographiques ont été recueillis par MM. Jules GAUTHIER, archiviste du département du Doubs ; Marcel POÉTE et Max PRINET, conservateur et conservateur-adjoint de la Bibliothèque publique de Besançon.

salines de Salins, 1766 ; affranchissement des droits de mainmorte accordés à l'Université, 1781 ; nomination de professeurs de médecine et théologie. (*Ib.* D 3.)

Correspondance (minutes et originaux) de l'Université, avec les ministres, les gouverneurs et intendants, 1655-1760. — Programmes de cours imprimés, 1634-1660. — Comptabilité, quittances, 1664-1690. — Thèses imprimées en placard, xvii⁰-xviii⁰ siècles. — Diplômes de bacheliers, licenciés et docteurs, xvii⁰-xviii⁰ s. — Pièces concernant le prieuré de Vaucluse. — Procédures diverses (*Ib.* Supplément et nouvelles acquisitions.)

Statuts de l'Université de Dole, xv⁰ siècle (registre, copie du xvi⁰ s.). (*Ib.* D 1.)

Délibérations de l'Université de Besancon, du 28 avril 1767 au 14 novembre 1789 (registre). (*Ib.* D 4.)

Registre des examens de droit français, 1756-1798. (*Ib.* Nouv. acquisitions.)

Registre du formulaire des gradués en théologie, 1722-1743. (*Ib.* D 2.)

Registre des distributions et quittances, 1689-1693, 1713-1748, 1748-1775 (3 registres). (*Ib.* D 3, 5. 6.)

Fonds des Distributeurs de l'Université de Besançon

(Donné au chapitre métropolitain de cette ville par M. Hugon d'Augicourt, petit-fils d'un des derniers distributeurs, le conseiller Belin).

Carton I. Mémoires généraux sur l'Université de Dole et de Besançon, xvii⁰-xviii⁰ siècles. Documents relatifs aux distributeurs et aux privilèges de leur charge, à l'institution de l'Université, 1287-1735. — Comptes de trésorerie de l'Université, 1601-1606 (orig. et cop.).

Carton II. Comptes de trésorerie, 1607-1655.

Carton III. Comptes de trésorerie, 1656-1682.

Carton IV. Comptes de trésorerie, 1683-1709. Programme des distributeurs pour les chaires vacantes.

Carton V. Comptes de trésorerie, 1709-1737.

Carton VI. Titres spéciaux aux fonctions et nominations de distributeurs, 1562-1740 (orig. et cop.).

Carton VII. Placards imprimés, programmes des cours, etc., 1691-1765. Inventaires de titres.

Carton VIII. Concours de chaires, 1743-1748.

Carton IX. Thèses, concours, programmes, convocations de professeurs, 1743-1762.

Carton X. Documents généraux, 1562-1747 (orig. et cop.). — Concours, 1762-1770. — Contrôles d'absences, 1758-1765.

Inventaire des distributeurs. Cotes 1-255, de 1420 à 1745 (in-folio de 35 feuillets). — Double, cotes 1-281 (in-folio de 60 feuillets). — Double du registre de MM. les distributeurs de l'Université de Besançon, constitué en 1735. Copie de documents universitaires de 1583 à 1748 (in-folio de 526 pages). (*Bibliothèque du Chapitre de Besançon.*)

Manuscrits de la Bibliothèque publique de Besançon

Histoire ou abrégés historiques de l'Université de Franche-Comté (5 vol.), mss. 977-981.

Annales des recteurs et registres matricules de l'Université de Dole, 1498-1601 (4 vol.), mss. 981-984.

Délibérations et actes de l'Université de Dole, 1560-1670 (2 vol.), mss. 985-986.

Délibérations de l'Université de Dole, puis de Besançon, 1683-1767 (2 vol.), mss. 987-988.

Registre des consignations pécuniaires pour l'obtention des grades 1766-1789 (1 vol.), ms. 989.

Concours de la faculté de médecine, 1751-1752 (1 vol.), ms. 990.

Cours des professeurs Seguin, Talbert, J.-B. d'Auxiron, N.-F. Rougnon, Cl.-Fr. Atthalin, Cl.-Nic. Billerey (14 vol.), ms. 308, 310, 314, 344, 370, 459, 460, 461, 469-474.

Délibérations de l'Université de Dole, sous le rectorat de Cl.-Fr. Talbert, 1644 et 1673 (1 vol.), ms. 318.

Pièces concernant l'Université de Besançon, *Coll. Chifflet*, ms. 206.

Notes et documents concernant l'Université de Franche-Comté, *Coll. Baverel.*

Archives municipales de Besançon

Enseignement à Besançon, xve-xviiie s. (layettes 39 et 40).

Archives municipales de Dole

Enseignement à Dole, xvie-xviiie s. (plusieurs dossiers).

Bibliothèque publique de Dole

Registre de la section belge à l'Université de Dole, 1651-1674 (1 vol. illustré d'armoiries), ms. 347.

Cours des professeurs Gallet, 1758, et Tharin S.-J., 1714, à l'Université de Besançon, ms. 136 et 110.

Archives municipales de Gray

Deux chartes d'Othon IV, portant fondation de l'Université ou *studium* de Gray, 1287.

Grand Sceau de l'Université de Dole, 1423.

Petit Sceau de l'Université de Dole, 1423.

Sceau
de la Faculté des Lettres
de Besançon.

Petit Sceau
de l'Université
de Besançon,
1750.

Sceau
de l'Académie universitaire
de Besançon,
1816.

Archives du château de Grosbois en Montagne (Côte-d'Or)

(Documents provenant de M. de Grosbois, premier président du Parlement de Besançon, ancien dignitaire de l'Université, appartenant à MM. d'Harcourt, ses arrière-petit-fils).

Une liasse de copies de titres de fondation et d'originaux de correspondances, xve-xviiie siècles (utilisés par MM. Beaune et d'Arbaumont dans leur *Histoire des Universités de Franche-Comté*).

Archives nationales

Réclamations de l'Université de Besançon, série H, nº 1412.

Bibliothèque nationale

Recueil de pièces et d'analyses de documents relatives à l'Université de Dole (collection Moreau, ms. 902).

Recueil de compliments en vers latins et grecs, adressés à Jean Froissard, président du Parlement de Dole, par des élèves du collège de Dole ; joli manuscrit de la fin du xvie siècle ; reliure velours avec broderies, armoiries et fermoirs (fonds latin, ms. 10974).

II. — Bibliographie des imprimés

PIGANIOL DE LA FORCE, *Nouvelle description de la France...*, t. XIII (3e édit., 1754), p. 212.

MARCEL FOURNIER, *Les statuts et privilèges des Universités françaises...*, t. II, p. 737 : Gray ; t. III, p. 97 : Dole, Besançon, Poligny.

LABBEY DE BILLY, *Histoire de l'Université du comté de Bourgogne et des différents sujets qui l'ont honorée...* — Besançon, 1819, 2 vol. 4º.

H. BEAUNE et J. D'ARBAUMONT, *Les Universités de Franche-Comté : Gray, Dole, Besançon...* — Dijon, 1870. 8º.

J. BOURGON, *Sur les efforts tentés à toutes les époques par les Francs-Comtois pour obtenir et conserver les hautes études*, dans *Mémoires de l'Académie de Besançon*, 1839, p. 3.

CORNEILLE SAINT-MARC, *Notice sur l'histoire de l'instruction publique en Franche-Comté et plus particulièrement dans le Jura, depuis les temps les plus reculés*, dans *Mémoires de la Société d'émulation du Jura*, 1863, p. 135.

L. PINGAUD, *L'Ecole historique bénédictine en Franche-Comté* (Discours prononcé à la séance de rentrée des Facultés de Besançon, 18 novembre 1877).

MAURICE LAMBERT, *Le Recteur dans l'ancienne Université de Franche-Comté*, dans *Mémoires de l'Académie de Besançon*, 1892, p. 51.

JAQUOT DE MÉREY, *De l'instruction publique dans le comté de Bourgogne en 1828*. — (Besançon, 1828), 8º; 28 p.

H. Beaune, *L'Université de Dole en Franche-Comté*, dans Recueil de *l'académie de législation de Toulouse*, 1869, t. XVIII, p. 159.

J. Gauthier, *L'Université de Dole au comté de Bourgogne*, dans *Annales franc-comtoises*, t. XIII, 1870, p. 453.

J. Feuvrier, *Le collège de l'Arc à Dole...* — Dole, 1887, in-16.

Id., *Un collège franc-comtois au XVIe siècle. Etude historique et pédagogique, acccompagnée de notes biographiques et bibliographiques...* — Dole, 1889, in-16.

E. Lonoix, *La nation flamande à l'Université de Dole (1651-1674)*, dans *Messager des sciences historiques de Belgique*, t. LXVI, année 1892 ; tirage à part de 51 p.

Mémoires de Luc Geizkofler, tyrolien (1550-1620), traduits par Edouard Fick.... La nuit de la Saint-Barthélemy. Les Universités de Bologne, Paris, Dole et Padoue. — Genève, 1887, 8°. — Autre édition 1892.

Ulysse Robert, *Les écoles en Franche-Comté pendant le moyen âge*, dans *Annales franc-comtoises*, 1899, p. 101 et 169 ; tirage à part de 32 p.

Id., *Les écoles à Besançon jusqu'à la fin du XVIe siècle*, dans *Le Progrès français*, 1899 et 1900 ; tirage à part, Besançon, 1900, 8°.

J. Gauthier, *Police du collège de l'impériale cité de Besançon*, (24 mai 1567), dans *Mémoires et documents inédits pour servir à l'histoire de la Franche-Comté, publiés par l'Académie de Besançon*, t. VII, p. 491.

S. Droz, *Recherches historiques sur la ville de Besançon. Collège...* — Besançon, 1868-1869, 2 vol., 8°.

H. Beaune, *Documents inédits sur la fondation de l'Université de Besançon*, dans *Revue des Sociétés savantes*, 1865, I, p. 203.

L. Pingaud, *L'instruction publique à Besançon en 1789*, dans *Mémoires de la Société d'émulation du Doubs*, 1886 ; tirage à part de 19 p.

L. Pingaud, *L'enseignement supérieur à Besançon (1800-1884)*, dans *Revue internationale de l'enseignement*, 15 avril 1884 ; tirage à part de 16 p. — Une nouvelle édition, augmentée, de ce mémoire, se trouve insérée dans le recueil suivant (p. 377) et a été tirée à part sous ce titre : *L'Université de Besançon (1808-1892)*. — Besançon, 1893, 8°, 24 p.

Association française pour l'avancement des sciences, 22e session, août 1893. Besançon et la Franche-Comté. Notices historiques, scientifiques et économiques. — Besançon, 1893, 8°, passim.

Mémoire présenté par le Conseil municipal de la ville de Besançon, pour obtenir les Facultés de théologie, de droit et de médecine (14 janvier 1816). — (Besançon), s. d., 8°, 11 p.

L'Université comtoise et le Conseil municipal de Besançon en 1815, dans *La Franche-Comté*, n° du 22 décembre 1890.

A. CHENEVIER, *Histoire de l'Ecole de médecine de Besançon*, dans *Rentrée solennelle des Facultés et de l'Ecole préparatoire de médecine et de pharmacie de Besançon*, 1878, p. 23.

J. MEYNIER, *Les médecins à l'Université de Franche-Comté*, dans *Mémoires de l'Académie de Besançon*, 1880, p. 47.

L. CHAPOY, *Ecole de médecine et de pharmacie de Besançon : ses origines et ses vicissitudes, sa réorganisation.* — Besançon, 1890, 8°.

A. ESTIGNARD, *La Faculté de droit et l'Ecole centrale à Besançon.* — Paris et Besançon, 1867, 8`.

F. VILLEQUEZ, *Les Ecoles de droit en Franche-Comté et en Bourgogne* dans *Revue de législation ancienne et moderne*, 1872 et 1873.

MAURICE LAMBERT, *L'enseignement du droit en Franche-Comté*, dans *Annales franc-comtoises*, 1891, p. 116.

J. GAUTHIER, article *Franche-Comté*, dans *Dictionnaire de pédagogie... publié sous la direction de F. Buisson* (Paris, 1887-1888. 8°).

ACADÉMIE DE BESANÇON. *Rentrée solennelle des Facultés et de l'Ecole de médecine* (1845-1899). Brochures in-8°.

ACADÉMIE DE BESANÇON. *Enseignement supérieur. Programme des cours et conférences.* Brochure in-8°. — Change de titre et de format (in-18) en 1897.

UNIVERSITÉ DE BESANÇON. *Annuaire.*

UNIVERSITÉ DE BESANÇON. *Faculté des sciences. Certificats d'études supérieures. Renseignements divers et programmes.*

II

DE LA RÉVOLUTION A NOS JOURS

Supprimé en 1793, vaguement reconstitué, en 1794, avec l'Ecole centrale, l'enseignement supérieur fut réorganisé, à Besançon, en 1808, par l'Université impériale. L'ancienne capitale de la Franche-Comté, devenait le siège d'une Académie composée des trois facultés de théologie, des sciences et des lettres. Ce fut en vain qu'elle rappela les traditions juridiques de son ancien parlement, de son ancienne école de droit; à Paris, on avait encore plus présents à l'esprit les votes qui venaient d'être émis au sujet de l'établissement de l'Empire : plus favorable au nouveau gouvernement, Dijon obtint la faculté de droit qui fut refusée à Besançon. L'ancienne faculté de médecine reparut sous la forme modeste de cours pratiques institués à l'hôpital par décret du 7 août 1806. Quoique prévue dans le plan d'organisation de l'Académie de Besançon et instituée par décret du 13 décembre 1810, la faculté de théologie ne parvint pas à la vie. Les choix que l'archevêque Lecoz avait faits pour les chaires de théologie dogmatique, de morale et d'éloquence sacrée, avaient suscité de telles oppositions dans un clergé divisé que, le 18 janvier 1811, le grand maître de l'Université, Fontanes, ordonna de surseoir à l'organisation de cette faculté. Le sursis dure encore, l'autorité universitaire et l'autorité religieuse n'ayant rien tenté pour le faire cesser. En réalité, l'académie naissante ne comptait que deux Facultés, celle des sciences et celle des lettres.

Humbles furent les débuts de l'une et de l'autre sous la direction des deux frères Ordinaire. Constituée en 1809, inaugurée en octobre 1810, la faculté des sciences n'avait que les trois chaires de mathématiques, de physique et chimie et d'histoire naturelle. Elle ne devait durer que cinq ans; les dures économies que la liquidation de l'Empire imposa à la Restauration, causèrent sa suppression. Royer-Collard, qui avait signé ce décret, donna à entendre que cette mesure n'était que transitoire et qu'elle serait rapportée quand les finances seraient reconstituées : on devait attendre trente ans.

Malgré la promesse que le gouvernement avait faite à Besançon en désignant cette ville comme le centre de l'une des futures

universités du royaume (5 février 1815), l'enseignement supérieur
n'y fut guère représenté, jusqu'en 1845, que par la faculté des
lettres. Une fois de plus, la municipalité se vit refuser, en 1817,
la faculté de droit. On lui fit toutefois une concession en érigeant
en école secondaire, placée sous le régime universitaire, les cours
de médecine qui se poursuivaient depuis 14 ans à l'hôpital
(1820). La faculté des lettres elle-même, avec ses quatre chaires
de philosophie, d'histoire, d'éloquence latine et d'éloquence
française ne semble pas avoir déployé une grande activité. Ses
premiers professeurs, épaves du XVIIIe siècle, perpétuaient des
traditions surannées ou éteignaient, dans une paix trop profonde,
leurs anciennes ardeurs révolutionnaires. Leurs successeurs con-
tinuèrent à la faculté, l'enseignement secondaire du collège
royal d'où ils venaient. Le recrutement des maîtres se faisait
avec difficulté. « Pour pourvoir à la chaire de philosophie, la
faculté présente, en première ligne, le suppléant, en seconde
ligne le recteur; le Conseil académique est réduit à choisir le
professeur d'histoire du collège et l'inspecteur d'académie » (1).
C'est cependant à l'école de ces maîtres que se formaient de
grands esprits, tels que le cardinal Gerbet, les philosophes Lélut
et Cournot.

Un Comtois fort attaché à sa province, le philosophe Théodore
Jouffroy, travailla, à plusieurs reprises et non sans succès, à
raviver la faculté bisontine. En 1819, il y faisait envoyer comme
professeur suppléant de littérature française, un de ses amis,
Dubois. Le jeune maître appartenait à l'école libérale : il im-
prima ses tendances à son cours et, à l'appel de la politique,
une foule considérable vint se presser dans les salles trop
étroites de la faculté : « Ma parole obtient un retentissement
jusque-là inconnu, témoignait de lui-même Dubois; plus de 200
auditeurs se pressent à mes leçons; j'y touche à tout. » Mais
l'année suivante il quitta la faculté, malgré ses triomphes : il allait
diriger le *Globe* et plus tard l'Ecole normale.

Une seconde tentative de rajeunissement eut lieu, en 1828, à
l'instigation de Jouffroy et d'un avocat bisontin, M. de Mercy.
La ville doubla la faculté de l'Etat d'une sorte de faculté muni-
cipale qui sous le nom de Lycée, devait réunir les quatre chaires
de physique, de chimie, de littérature, d'histoire et un cours
libre de géométrie. Des noms en vue du parti libéral furent dé-
signés pour cet enseignement nouveau; c'étaient Quinet, Sainte-

(1) Nous empruntons ce détail, comme beaucoup d'autres de cette nature, à
l'article fort intéressant de M. Pingaud sur l'*Université de Besançon, 1808-1892*,
p. 6.

3

Beuve, Amédée Thierry. Ce dernier vint seul occuper la chaire
d'histoire; peu après, il passait devant la faculté officielle ses
thèses de doctorat pour devenir aussitôt, d'une manière quelque
peu incorrecte, le collègue de ses juges. Malgré ses succès ora-
toires, son enseignement fut de courte durée. Le ministère Po-
lignac, replaça dans la chaire d'histoire le maître que Thierry
en avait évincé, et après la Révolution de 1830, celui-ci dédaigna
de prendre sa revanche. Ce libéral « avait trouvé au bout de sa
route, au lieu d'une chaire de faculté, la préfecture de la
Haute-Saône, en attendant un siège au sénat du second Empire » (1).

Après cette tentative éphémère, le calme se rétablit dans
l'académie de Besançon. De 1830 à 1845, de rares événements s'y
produisirent. En 1837, l'École secondaire de médecine s'augmen-
tait de nouvelles chaires. Le 31 mars 1841, elle était transformée
en école préparatoire. La faculté des lettres se personnifiait en
trois professeurs modestes et consciencieux : Génisset, qui pendant 20 ans, professa les littératures anciennes et fut l'âme de
l'Académie des sciences et belles-lettres de Besançon; l'historien
Bourgon qui mourut jeune, en 1841, après avoir consacré de
longues études à l'histoire de la Franche-Comté; enfin Pérennès
qui nommé au collège royal en 1822, et de là à la faculté, professa les belles-lettres à Besançon pendant 50 ans, 1822-1872,
exerça pendant 35 ans les fonctions de doyen, maintenant avec
soin les antiques traditions. Seul, le professeur de philosophie
apportait un enseignement nouveau. Nommé, en 1835, à la place
de l'abbé Astier, Bénard, le futur traducteur de Hégel, s'adonnait
à la psychologie et pour mieux discerner les rapports du physique et du moral, transmettait à ses auditeurs l'enseignement
physiologique qu'il était allé chercher à l'école de médecine.
C'est toutefois pendant cette calme période de son existence que
la faculté des lettres recevait à ses examens de jeunes candidats
auxquels l'avenir réservait, dans les carrières les plus diverses,
de brillantes destinées, Pierre-Joseph Proudhon, Victor Consi-
dérant, Léon Gérôme, le président Grévy et Pasteur.

Cependant la ville de Besançon ne s'était pas résignée à la
suppression de la faculté des sciences. En 1829, elle avait intro-
duit dans son lycée éphémère le cours libre de géométrie que
professait, depuis 1823, César Convers. En 1837, l'académie de
Besançon avait confié à un de ses membres, le député Maurice,
la mission de revendiquer le rétablissement de la faculté suppri-

(1) Cf. PINGAUD, op. cit.

-mée en 1815. En 1839, alors que le gouvernement de juillet se proposait d'augmenter le nombre des facultés des sciences, Jouffroy, toujours dévoué à sa province, composait un mémoire en faveur de Besançon; il faisait remarquer que les sciences devaient progresser tout particulièrement en un pays où l'industrie était si développée, où la géologie, la faune et la flore présentaient d'abondants sujets d'études. Le doyen Perennès, au nom de l'Académie dont il était le secrétaire perpétuel, insista sur ces raisons dans un mémoire qui fut transmis l'année suivante (1840) aux députés de la région. A la suite de nombreuses démarches de hauts fonctionnaires et d'une campagne de presse, la cause fut gagnée : sous le ministère Guizot, l'ordonnance royale du 15 février 1843 rétablissait la faculté des sciences de Besançon.

Le soin de l'organiser fut confié par Thénard à un savant de 26 ans, qui devait laisser un nom illustre dans l'histoire de la science française, Henri Sainte-Claire-Deville, le jeune doyen de la faculté renaissante. Deux ans furent consacrés par lui à des négociations entre l'Etat et la Ville, ayant pour objet d'assurer l'installation et la dotation des nouveaux cours. Enfin, à la séance de rentrée du 4 novembre 1845, la nouvelle faculté était solennellement inaugurée. Elle débutait avec cinq chaires, celles de mathématiques pures, de physique, de chimie, de zoologie et botanique, de géologie et minéralogie. Mais on avait déjà la promesse d'une sixième chaire, celle de mathématiques appliquées, qui fut en effet créée par arrêté ministériel du 26 septembre 1846.

C'était un personnel d'élite qui était envoyé à la jeune faculté. Sainte-Claire-Deville, doyen et professeur de chimie, avait déjà, malgré son jeune âge, une renommée scientifique. Après cinq ans d'enseignement à Besançon, il devait, en 1851, occuper à l'Ecole normale la chaire de chimie où il succédait à Balard; dix ans après, l'Académie des sciences l'appelait à elle comme l'un des maîtres de la chimie moderne. Plus jeune encore que Deville, Victor Puiseux (1820-1889) occupait la chaire de mathématiques; lui aussi inaugurait à Besançon une carrière scientifique des plus brillantes qui devait le conduire trois ans après (1848) à la Sorbonne et plus tard à l'Institut. Né à Besançon en 1808, chargé, dès 1843, d'un cours à l'école de médecine, le titulaire de la chaire de zoologie et botanique, Grenier, allait y professer jusqu'à la veille de sa mort, de 1845 à 1874, et de son long enseignement devaient sortir deux grandes œuvres devenues classiques, la *Flore de la France* et la *Flore de la chaîne Jurassique*, publiées la première de 1848 à 1855, la seconde de 1864 à 1875. Person, professeur de physique, et Delesse, professeur de minéralogie, complétaient cette brillante élite.

La création de la nouvelle faculté donna à Besançon les plus belles espérances. On se rappelait l'ordonnance de 1815, qui désignait notre ville comme le siège d'une future université et on crut que le moment était venu où cette promesse allait devenir une réalité. C'est le vœu qu'exprimait Sainte-Claire-Deville dans son discours d'inauguration : « Besançon doit désirer non pas seulement une faculté de plus, mais une université complète... La Franche-Comté a un esprit particulier, une originalité qu'elle n'a pas perdue; il faut aussi que la Franche-Comté soit un pays complètement doté, ayant toutes ses institutions propres, comme elle a, pour ainsi dire, une nationalité propre. Besançon devra être lui-même un centre complet sous le rapport du haut enseignement comme sous tous les autres. »

Cet espoir s'évanouit sous le second Empire. Pendant la période qui va de 1851 à 1870 et même 1880, peu d'évènements vinrent rompre la vie calme et régulière de nos facultés et de l'école de médecine. Toutefois quelques nouvelles créations et surtout l'heureux choix de plusieurs de leurs maîtres prouvaient que le pouvoir central ne les abandonnait pas.

Vers 1860, la faculté des sciences complétait par des conférences de sciences appliquées l'enseignement de ses chaires; grâce aux soins de Grenier, elle développait le jardin botanique qui, créé dès la fin du xvie siècle par Chifflet, développé au xviie par ses élèves, réorganisé de 1804 à 1838 à Chamars, était établi de 1845 à 1874 par Grenier dans l'ancienne cour de la faculté.

L'école de médecine était réorganisée en 1856; elle recevait la mission de délivrer les diplômes d'officiers de santé; l'enseignement de la pharmacie y était fortifié et « par la création de trois professeurs-adjoints, on donnait aux cliniques et aux études d'anatomie et de physiologie, l'extension et la solidité qu'il n'était pas possible d'obtenir avec un seul professeur pour chaque cours (1). » En 1872, l'administration de la guerre la comptait parmi les écoles préparatoires qui devaient donner l'instruction médicale aux élèves du service de santé militaire. De son côté, la municipalité agrandissait son laboratoire de chimie et préparait « une nouvelle installation de l'amphithéâtre de dissection et une extension du jardin botanique. » En annonçant toutes ces améliorations, le recteur rappelait « que le

(1) Rapport du Directeur de l'École à la séance de rentrée.

nombre d'étudiants y était supérieur à ce qu'il avait été depuis plus de vingt ans. »

A la faculté des lettres un enseignement nouveau était créé en 1856 : une chaire de littérature étrangère s'ajoutait aux quatre chaires primitives. Quoique surveillé par l'Empire, l'enseignement philosophique n'y était pas sans éclat. Dans son court passage à Besançon, Levêque y avait fait admirer « l'élévation de ses idées, la solidité de ses principes, l'élégante facilité de sa parole si grave, si religieuse et si convaincue. » (Pérennès). C'est au cours de son enseignement à Besançon (1870) que M. Carrau publiait ses études sur la philosophie ancienne et la morale utilitaire qui allaient le désigner pour la Sorbonne. L'enseignement des littératures anciennes était brillamment donné par M. Weil. Professeur pendant près de 30 ans (1848-1875), doyen de 1872 à 1875, correspondant de l'Institut, il prenait pendant son long séjour à Besançon une place d'honneur dans la science philologique et l'érudition. C'est ici qu'il a fait ses éditions savantes des tragiques grecs et de Démosthène, avant d'aller former de nouvelles générations de savants et de lettrés à l'Ecole normale.

Les grands espoirs de 1845 reparurent vers 1880, lorsqu'il fut question de constituer avec une certaine autonomie des universités régionales. Comme pour ces créations on voulait exiger le groupement de trois facultés, l'opinion publique et les corps élus réclamèrent avec ardeur l'ancienne faculté de droit. On rappelait qu'elle avait en quelque sorte fonctionné lorsque, en 1871, des avocats s'étaient concertés pour faire, dans un amphithéâtre de la faculté des sciences, des cours de droit civil, de droit romain, de droit criminel et de procédure. En 1891, les sociétés savantes et les assemblées municipales de la région se faisaient les porte-paroles de ces revendications. Si ces réclamations restèrent sans succès, les facultés des lettres et des sciences et l'école de médecine profitèrent de ce mouvement d'opinion pour donner plus d'extension à leur enseignement. La faculté des lettres était dotée d'une seconde chaire d'histoire (1883) qui permettait de donner aux études du Moyen-Age un soin particulier. L'école de médecine était réorganisée en 1889.

Mais c'est la faculté des sciences qui s'est le plus développée pendant cette nouvelle période. En 1878, on créait à ses côtés un Observatoire astronomique, météorologique et chronométrique (1) qui devait promouvoir les progrès à la fois de la science désintéressée et des applications à l'industrie, en particulier à

(1) Construit en 1882.

l'industrie horlogère; cette création avait pour conséquence, l'établissement d'une septième chaire, la chaire d'astronomie (15 octobre 1883). L'enseignement des sciences physiques et naturelles recevait une nouvelle impulsion. En moins de quatre ans, deux chaires et un cours étaient successivement fondés à cet effet : le 29 novembre 1894, une chaire de botanique, désormais distincte de la zoologie ; le 1er février 1898, une chaire de chimie industrielle, enfin, le 8 juillet de la même année, un cours de botanique agricole. Le jardin botanique laissé par Grenier recevait de Lemonnier et de Mocquin-Tandon (1874-1890) une nouvelle organisation, et, jusqu'à nos jours, des améliorations successives le dotaient d'une serre, en 1897, d'un bassin, en 1898. Enfin, le Conseil municipal votait les fonds nécessaires pour la construction d'un Institut botanique rattaché à la faculté des sciences (juillet 1890-mai 1891). Commencés en mai 1896, les travaux étaient terminés en avril 1898 et, le 20 avril, les cours y étaient inaugurés.

Il serait trop long de parler des professeurs qui ont occupé pendant ces dernières années les chaires de nos facultés. Nous ne saurions cependant oublier un nom qui, après avoir illustré l'Université, a brillé d'un vif éclat dans le monde de la critique de la littérature et du théâtre, M. Jules Lemaître. Pendant son court séjour à Besançon, ses collègues et ses auditeurs avaient su goûter la délicatesse de son talent et de sa spirituelle fantaisie. Mentionnons aussi M. Nageotte, qui succéda à M. Weil dans la chaire de littérature ancienne, et M. Sayous, dont l'esprit fin et délicat donna un enseignement si varié dans la jeune chaire d'histoire du Moyen-âge.

Telle est, en ses grandes lignes, l'histoire de notre université. Faisant remonter ses premières origines aux temps du Moyen-Age, elle présente un long passé d'études et de traditions; renouvelée au cours de notre siècle, elle s'est développée dans la mesure de ses ressources; parmi ses maîtres anciens et modernes, elle peut en citer plusieurs avec une légitime fierté. Souhaitons que ses progrès s'accentuent chaque jour davantage : elle vient d'entrer dans des bâtiments renouvelés; que ce soit là pour elle un présage de nouvelle jeunesse et de nouvelle vie.

J. GUIRAUD.

III

ORGANISATION ACTUELLE

L'Université de Besançon comprend actuellement une Faculté des Sciences, une Faculté des Lettres, une Ecole préparatoire réorganisée de Médecine et de Pharmacie, un Observatoire astronomique, météorologique et chronométrique et une Bibliothèque.

PERSONNEL

Le personnel de ces établissements est constitué de la manière suivante :

Conseil de l'Université

MM. Laronze (✳. O. I), recteur de l'Académie, *président*.

Boutroux (O. I.), doyen de la Faculté des Sciences, *vice-président*.

Colsenet (✳, O. I.), doyen de la Faculté des Lettres.

Chapoy (O. I.). directeur de l'Ecole préparatoire de médecine et de pharmacie.

Gruey (✳, O. I.), directeur de l'Observatoire astronomique.

Saint-Loup (O. I.), professeur à la Faculté des Sciences.

Magnin (O. I.), professeur à la Faculté des Sciences.

Boucher (O. I.), professeur à la Faculté des Lettres.

Vernier (O. I), professeur à la Faculté des Lettres.

Boisson (O. I.). professeur à l'Ecole préparatoire de médecine et de pharmacie.

Faculté des Sciences

Doyen :   M. Boutroux (O. I.).
Assesseur :   M. Saint-Loup (O. I.).
Professeurs : Astronomie, M. Gruey (✳, O. I.), doyen honoraire.
              Calcul différentiel et intégral, M. Stouff (O. I.).
              Mécanique rationnelle et appliquée, M. Saint-Loup (O. L), doyen honoraire.

Physique, M. JOUBIN (O. I.).
Chimie générale, M. BOUTROUX (O. I.).
Chimie industrielle et agricole, M. GENVRESSE (O.A.).
Géologie et Minéralogie, M. FOURNIER, chargé du
cours.
Zoologie, M. CHARBONNEL-SALLE (O. I).
Botanique, M MAGNIN (O. I.).
Botanique agricole : M. PARMENTIER (O.A.), chargé
d'un cours complémentaire.

Chefs de travaux : Physique, M. MALDINEY (O. A.).
Chimie, M. ZORN (O. A.).
Botanique, M. THOUYENIN (O. A.).

Préparateurs : Physique, M. GUILLIN.
Chimie, M. SECRÉTANT.
Zoologie, M. MATHIOT (O. A.).
Mécanique, M. FRANCHEBOIS (O. A.).
Géologie et minéralogie, M. BRESSON.

M. VÉZIAN, doyen et professeur honoraire (✻, O. I.).

Faculté des Lettres

Doyen :   M. COLSENET (✻, O. I.).
Assesseur :   M. BOUCHER (O. I.).
Professeurs : Philosophie, M. COLSENET (✻, O. I.).
Histoire et Géographie des temps modernes, M. PIN-
GAUD (✻, O. I.).
Histoire et Géographie de l'antiquité et du moyen
âge, M. GUIRAUD, chargé du cours.
Littérature française, M. DROZ (O. I.).
Littérature ancienne, M. VERNIER (O. I.).
Littérature étrangère, M. BOUCHER (O. I.).
Philologie classique, M. VANDAELE (O. A.), chargé
d'un cours complémentaire.

Cours complémentaires.

Langue et littérature latines, M. CHARROT.
Allemand, M. KONTZ (O. I.).
Explication du vieux français, M. DESSIRIER, (O. A.).
Langue russe, M. JEANNERET (O. A.).

Cours libres.

Histoire de Franche-Comté, des origines à 1790,
M. GAUTHIER (✻, O. I.).

Bibliographie générale et sources de l'Histoire de Franche-Comté, M. Poète (O. A).

Sciences auxiliaires de l'Histoire appliquées en particulier à l'étude des chartes et manuscrits francs-comtois, M. Prinet (1).

Doyens honoraires : MM. Weil (O. ✿, O. I.), membre de l'Institut. Tivier (✿, O. I.).

Ecole de Médecine

Directeur :   M. Chapoy (O. I.).
Professeurs : Anatomie, M. Mandereau (O. A.).
Physiologie, M. Bolot (O. A.).
Histologie, M. Prieur (O. I.).
Pharmacie et Matière médicale, M. Thouvenin (O. A.).
Pathologie externe et médecine opératoire, M. Saillard (✿, O. I.), en congé, suppléé par M. Baigue.
Pathologie interne, M. Roland (O. A.).
Clinique obstétricale et Gynécologie, M. Heitz (O. A.).
Clinique externe, M. Chapoy (O. I.).
Clinique interne, M. Gauderon (O. I.).
Histoire naturelle, M. Magnin (O. I.).
Chimie et Toxicologie, M. Boisson (O. I.).
Physique, M. Colléatte, chargé du cours (O. A.).
Suppléants : Anatomie et Physiologie, M. Hyenne (ch.).
Pathologie et Clinique internes, M. Bruchon fils.
Pathologie et Clinique externes, M. Baigue.
Pharmacie et Matière médicale, M. N...
Physique et Chimie, M. Morin (O. A.).
Histoire naturelle, M. Marceau.

Directeurs honoraires : MM. Saillard (✿, O. I.) et Druhen (O. I.).

Professeurs honoraires : MM. Coutenot (✿, O. I.).
Bruchon (✿, O. I.).
Druhen (O. I.).

Observatoire astronomique

Directeur :   M. Gruey (✿, O. I.), astronome titulaire.
Aide astronome : M. Bruck.

(1) Ces deux derniers cours sont sur le point d'être transformés en cours complémentaires.

Aide chronométrier : M. HÉRIQUE.
Aide météorologiste : M. J. PERROT.
Assistant :   M. SALLET, astronomie et chronométrie.
   Id.   M. CHOFARDET, astron. et chronométrie.
   Id.   M. L. PERROT, astronomie.
Commis aux écritures : M. POUTIGNAT.

Bibliothèque de l'Université

M. PRIEUR (O. I.), Bibliothécaire.

Secrétariat de l'Université
(FACULTÉS ET ÉCOLE DE MÉDECINE)

M. SUFFREN (O. I.).
Secrétaire honoraire : M. GAUSSIN (O. I.).

ORGANISATION DE L'ENSEIGNEMENT

L'Enseignement dans les divers établissements de l'Université est organisé conformément aux réglements généraux qui régissent toutes les Universités françaises.

Nous nous bornerons à exposer les programmes propres à chacun d'eux, ainsi que les renseignements particuliers à l'Université de Besançon.

FACULTÉ DES SCIENCES

La Faculté des sciences est autorisée à délivrer les certificats d'études supérieures suivants :
1. Calcul différentiel et intégral.
2. Mécanique rationnelle.
3. Mécanique appliquée.
4. Astronomie.
5. Chronométrie théorique et pratique.
6. Physique générale.
7. Chimie générale.
8. Chimie industrielle.
9. Zoologie.
10. Géologie.

11. Minéralogie.
12. Botanique.

La possession de trois quelconques des certificats ci-dessus donne droit à la délivrance du *diplôme de licencié ès-sciences*.

Programmes des Certificats d'études supérieures

CERTIFICAT DE CALCUL DIFFÉRENTIEL ET INTÉGRAL

M. Stouff, *professeur*.

Le cours se divise en deux parties.

I. — Notions générales d'Analyse
(Du 1er novembre au 15 février)

Séries. — Dérivées. — Différentielles. — Maxima et minima. Intégrales définies et indéfinies.

Equations différentielles les plus usuelles.

Equations aux dérivées partielles les plus usuelles du premier et du second ordre.

Intégrales doubles. — Volumes et surfaces.

Courbure des courbes planes. — Courbure et torsion des courbes gauches. — Lignes asymptotiques et lignes de courbure des surfaces.

(Les développements relatifs aux questions traitées seront réduits au strict nécessaire).

II. — Cours supplémentaire
(Du 15 février au 1er juillet)

Exercices sur le changement de variables — Invariants différentiels.

Définition de l'intégrale définie suivant Riemann.

Théorie générale des intégrales rationnelles, elliptiques hyperelliptiques et abéliennes

Compléments à la théorie des équations différentielles linéaires.

Facteur intégrant, transformation infinitésimale. — Solutions singulières des équations différentielles.

Equations aux dérivées partielles. — Méthode des caractéristiques. — Equations aux différentielles totales. — Méthode de Lagrange et Charpit. — Systèmes d'équations aux dérivées partielles. — Applications.

Changement de variables dans les intégrales doubles. — Séries à termes imaginaires. — Fonctions analytiques. — Théorème de Cauchy. — Fonctions Γ (n). — Calcul d'intégrales définies. — Théorie des fonctions uniformes. — Théorie des fonctions majorantes.

Théorie des fonctions elliptiques. — Applications.

Calcul des variations.

Nota. — La partie supplémentaire sera requise pour le certificat de calcul différentiel et intégral.

CERTIFICAT DE MÉCANIQUE RATIONNELLE

M. Saint-Loup, *doyen honoraire, professeur.*

Théorie des vecteurs.

Introduction du temps. — Vitesse. — Accélération. — Force. Masse.

Impulsion, quantité de mouvements, travail, force vive.

Mouvement d'un point matériel. — Théorèmes généraux.

Mouvement des systèmes. — Systèmes solides. — Mouvement d'un solide autour de son centre de gravité.

Equilibre.

Travail virtuel. — Théorème de d'Alembert, formule de Lagrange.

Equations canoniques.

Systèmes déformables. — Equilibre des fils.

Cinématique. — Mouvement dans un plan, autour d'un point. Th. de Coriolis. — Mouvements relatifs.

Mouvement d'un solide autour d'un axe, — autour d'un point.

Théorie des percussions. — Applications.

Cinématique appliquée. — Engrenages, cames, etc. — Trains épicycloïdaux.

Statique appliquée aux machines simples.

CERTIFICAT D'ASTRONOMIE

M. Gruey, *doyen honoraire, professeur.*

Ce cours est complété, à l'Observatoire, par des exercices pratiques.

I. — 10 leçons

Résumé historique de l'astronomie ancienne depuis l'origine jusqu'à Newton.

Les prédécesseurs d'Hipparque.

Travaux d'Hipparque (théorie du Soleil, de la Lune, catalogue d'étoiles).

Travaux de Ptolémée (théorie de la Lune, des étoiles et des planètes).

Les astronomes arabes.

Lois de Képler.

La gravitation universelle découverte par Newton.

II. — 30 leçons

Théorie générale des perturbations. — Calcul des orbites.

III. — 20 leçons

Les instruments et les observations modernes.

Exercices pratiques.

CERTIFICAT DE CHRONOMÉTRIE

I. — Cadrans solaires

Leur construction dans le cas le plus général. — Méridienne de temps moyen.

II. — Notions de mécanique et de cinématique

Engrenages divers. — Trains différentiels. — Excentriques.

III — Pendules

Théories du pendule simple et du pendule composé. — Compensation. — Echappement Graham, échappement Ried, échappement Vinnerl. — Pendule astronomique. — Correction et marche diurne. - Réglage. — Influence de la pression atmosphérique sur la marche. — Calcul de cette influence. — Synchronisation électrique des pendules. — Théorie et expériences de M. Cornu.

IV. — Chronomètres de marine et de poche

Description des chronomètres. — Théorie des échappements à ancre et à ressort. — Du balancier compensé. — Travaux de Villarceau, de Phillips, de Caspari, sur la compensation. — Réglage et épreuves des pendules et des chronomètres dans les observatoires astronomiques. — Détermination pratique de l'heure et des marches d'une pièce d'horlogerie.

V. — Notions historiques sur la mesure du temps

CERTIFICAT DE PHYSIQUE

M. JOUBIN, *professeur*.

PREMIÈRE ANNÉE

I. — Thermodynamique

Principes expérimentaux de la théorie de la chaleur : Energie et entropie. — Potentiel thermodynamique.

Application aux phénomènes physiques; à la dissociation; aux machines.

Etude générale des fluides. Phénomènes capillaires.

Notions de thermochimie.

Conductibilité pour la chaleur.

II. — Electricité et Magnétisme

Etude générale du champ électrique à l'état stable dans tous les corps. Définition et mesure des grandeurs fondamentales. Etude expérimentale des phénomènes calorifiques, chimiques, etc., dus à la dépense de l'énergie du champ. — Sources d'électricité.

Etude du champ magnétique des aimants et des courants. — Propriétés des aimants, du fer doux. — Force électromagnétique, électrodynamique. — Applications aux instruments de mesure.

Etat variable du champ : induction. Applications aux machines, aux mesures.

Propagation d'une onde électromagnétique. Expériences de Hertz, Blondlot, Branly..., etc.

DEUXIÈME ANNÉE

I. — Élasticité

Notions sommaires d'élasticité : en particulier, étude expérimentale de la traction et de la torsion.

Déformation des enveloppes solides. — Compressibilité des liquides.

II. — Acoustique

Etude expérimentale d'un phénomène périodique : application au son.

Etude théorique et expérimentale de la propagation d'un ébranlement unique ou périodique dans un milieu élastique : application à la vitesse du son. — Réflexion et interférences des ondes sonores longitudinales et transversales.

Analyse et synthèse des sons. Timbre. — Sons musicaux. — Consonances et dissonances.

III. — Optique physique

Etude théorique et expérimentale de la nature des phénomènes lumineux et de la constitution de l'éther.

Vitesse de propagation des ondes lumineuses.

Interférences. Longueurs d'onde. Visibilité des franges. Applications principales à la réfractométrie, la métrologie, l'analyse spectrale.

Principe d'Huyghens. — Diffraction. — Réseaux. Etude complète du spectre des plus grandes aux plus petites longueurs d'onde d'après les recherches les plus récentes. Phénomènes d'absorption, de luminescence. Loi de Kirchhoff.

Polarisation : Transversalité des vibrations lumineuses; ondes stationnaires de Wiener et de Lippmann.

Double réfraction. Cristaux uniaxes; théorie de Fresnel. Cristaux biaxes. — Applications.

Vibrations elliptiques et circulaires. — Polarisation chromatique et rotatoire. — Phénomène de Cotton.

Théorie de la réflexion et de la réfraction (Fresnel). Influence du mouvement de la source. Principe de Fizeau. Entraînement de l'éther : principe de Fresnel.

Action du champ magnétique sur la lumière : phénomènes de Faraday et de Zeeman.

Comparaison des vibrations de Hertz et de Fresnel. — Relations de Maxwell. — Rayons de Rœntgen.

TRAVAUX PRATIQUES

M. Malvisky, *chef des travaux.*

Des travaux pratiques ont lieu chaque semaine au laboratoire de physique et correspondent aux questions développées dans le cours des deux années. En outre, avec l'autorisation du professeur, les étudiants, en dehors des heures réglementaires, ont la faculté de faire des expériences de longue haleine qui, seules, peuvent préparer à des recherches personnelles. Le professeur juge, après les avoir vus à l'œuvre, s'il peut leur confier des appareils de mesure délicats.

CERTIFICAT DE CHIMIE GÉNÉRALE

M. Boutroux, *professeur.*

I. — Propriétés générales des corps

CHANGEMENTS D'ÉTAT. — *Fusion. Dissolution.* Solubilité des sels. Dissolution d'un corps dans deux dissolvants miscibles, dans deux dissolvants non miscibles. Dissolution de deux solides dans un même dissolvant.

Retour de l'état liquide à l'état solide. Surfusion. Sursaturation. Congélation des solutions, cryoscopie.

Passage de l'état liquide à l'état gazeux. Ebullition.

Distillation des mélanges. Mesure des tensions maxima réduites (cas des mélanges d'alcools et d'eau, d'acides gras et d'eau). Tension de vapeur des solutions de corps relativement fixes. Entraînement des corps fixes dissous avec la vapeur de leur dissolvant. Dégagement des gaz dissous dans les liquides.

Retour de l'état gazeux à l'état liquide. Température critique. Dissolution des gaz.

Passage direct de l'état solide à l'état gazeux.

Retour de l'état gazeux à l'état solide. Condensation des gaz par les solides.

Condensation des liquides et des solides par les solides.

Diffusibilité et perméabilité de la matière. Diffusion des liquides. Dialyse. Osmose. Pression osmotique.

Diffusion des gaz. Perméabilité des solides.

TRANSFORMATIONS ALLOTROPIQUES.

DISSOCIATION. — Equilibre chimique.

LOIS DES RÉACTIONS CHIMIQUES. — Thermochimie.

Circonstances dans lesquelles s'effectuent les réactions. Résistances passives. Travail préliminaire. Vitesse des réactions. Etude de quelques causes qui contrarient ou favorisent l'acte de la combinaison : pression gazeuse, friction des corps solides, corps poreux, état naissant.

II.. — Étude particulière des corps

MÉTALLOÏDES.
MÉTAUX.

III. — Chimie organique

Analyse et synthèse. Dérivations. Fonctions chimiques. Nomenclature du congrès de Genève. Formules de structure. Stéréochimie.

Hydrocarbures. Composés organo-métalliques. Alcools. Phénols. Aldéhydes. Kétones. Camphres. Aldéhydes-alcools et Kétones-alcools. Aldéhydes-phénols. Kétones-phénols. Quinones. Acides. Alcalis.

Modes généraux d'introduction de l'azote dans les composés organiques : amides, nitriles, imides, dérivés nitrosés, dérivés nitrés. Hydrazines. Corps diazoïques. Corps azoïques.

Etude particulière de quelques corps azotés. Urée. Acide cyanique. Cyanogène. Acide cyanhydrique. Carbylamines. Indigo.

L'ensemble de ces matières est traité en deux ans :

PREMIÈRE ANNÉE

Chimie minérale : Propriétés générales des corps et métalloïdes.
Chimie organique : hydrocarbures, alcools, phénols.

DEUXIÈME ANNÉE

Chimie minérale : métaux.
Chimie organique : aldéhydes, acides, composés azotés.

TRAVAUX PRATIQUES

Préparation des corps étudiés dans le cours (lorsqu'elle est possible en quelques heures) avec leurs principales réactions. Analyse qualitative des sels et mélanges des sels.

CERTIFICAT DE CHIMIE INDUSTRIELLE ET AGRICOLE

M. GENVRESSE, *professeur.*

Cours

La durée du cours est de deux ans.

Les étudiants de première année suivent en même temps le cours du P. C. N.

Tous fréquentent assidûment les cours de chimie générale et de minéralogie.

En outre, le professeur de chimie industrielle exerce chaque semaine ses élèves à traduire les ouvrages de chimie allemands.

Programme du cours de chimie industrielle et agricole

Grande industrie : Chlorure de sodium, sulfate de sodium, acide chlorhydrique, carbonate de sodium, chlore, acide sulfurique.

Electrolyse du chlorure de sodium.

Analyse des engrais et des terres.

Etude complète et détaillée de la fonte, de l'acier et du fer.

Métallurgie de l'aluminium, du zinc, du cuivre, etc.

Outremer, sulfate d'alumine, alun, etc.

Soie artificielle, pâte de bois, papier, produits de la distillation du bois. Exposé détaillé de la fabrication de la bière.

Sucres. Alcools.

4

Industrie des matières colorantes dérivées de la houille (30 leçons).

Parfums naturels et artificiels.

Les cours sont complétés par des visites dans les usines situées en France et à l'Etranger sous la direction du professeur.

TRAVAUX PRATIQUES

Les travaux pratiques durent trois ans.

Pendant la première année, les étudiants s'exercent à l'analyse qualitative minérale et ensuite à l'analyse quantitative par les liqueurs titrées ; ils font en outre des préparations de chimie minérale et de chimie organique.

Le premier semestre de deuxième année est consacré à l'analyse quantitative des engrais, des terres et des minerais ; pendant le deuxième semestre, les étudiants s'occupent de la préparation des matières colorantes dérivées de la houille et de l'étude expérimentale des parfums.

Le nombre d'heures de travaux pratiques des deux premières années est de 24 par semaine.

Nous conseillons à nos étudiants de passer la troisième année à l'étranger. Ceux qui, pour une raison quelconque, ne le font pas, se consacrent pendant la troisième année à l'analyse élémentaire organique et à l'étude de la branche de chimie industrielle dans laquelle ils veulent entrer. Le nombre d'heures des travaux pratiques en troisième année est de 30 par semaine.

Les étudiants qui désirent faire une thèse de doctorat passent ensuite une quatrième et une cinquième année dans les laboratoires de chimie où ils s'occupent de recherches originales (1).

CERTIFICAT DE ZOOLOGIE

M. CHARBONNEL-SALLE, *professeur*.

1° Cours

Le professeur suit le programme du P. C. N., conformément aux prescriptions ministérielles, et, tout en se limitant aux notions élémentaires pour l'ensemble, développe avec soin certaines questions en vue du certificat d'études supérieures.

1° Généralités. La Cellule : 3 leçons

2° Fonctions de nutrition : 12 leçons.

3° Id.   de relation : 18 leçons.

---

(1) Ces dispositions ne s'appliquent qu'aux candidats à la licence, qui fréquentent en même temps les laboratoires de recherches.

4⁰ Fonctions de reproduction, embryogénie : 4 leçons.

5⁰ Classifications, Espèces, etc. : 2 leçons.

Le reste des leçons disponibles est consacré à la description des groupes.

2⁰ Conférences pour le certificat d'études supérieures

Questions d'anatomie comparée et de zoologie descriptive traitées au laboratoire (avec préparations et collections à l'appui).

CERTIFICAT DE GÉOLOGIE

M. FOURNIER, *chargé du cours.*

I. — Tectonique

Introduction. — Mouvements d'ensemble; transgressions et régressions. — Plissements, définitions des principaux types. — Failles.

Groupement des plis, aires synclinales et anticlinales. — Pénéplaines.

Propagation des plis. — Poussée au vide.

Massifs résistants, leur rôle.

Relations du phénomène orogénique et du phénomène sédimentaire. — Géosynclinaux.

Chronologie des plissements, formation des chaînes successives.

Massif huronien.

Chaîne Calédonienne.

Chaîne Hercynienne. — Géosynclinaux Hercyniens. — Différenciation des faciès.

Chaînes d'âge secondaire.

Mouvements d'âge pyrénéen. — Pyrénées, Provence, Alpes.

Chaîne alpine. — Relations des plis alpins et des plis pyrénéens.

Étude détaillée de la chaîne alpine : Pyrénées, Provence.

Alpes, Carpathes, Balkans, Crimée, Caucase, Himalaya, Arc Malais, Antilles.

La dépression méditerranéenne.

Les trois grandes ondulations transversales : Mer Morte, Afrique orientale. — Arc Japonais, Kourilles. — Montagnes rocheuses, Cordillière des Andes.

Terres australes

Les plate-formes indo-africaines et l'Amérique du Sud.

Les trois Océans. — Les régions boréales.

Théories géogéniques. — Historique. — Hypothèse tétraédrique.

II. — Paléogéographie

Histoire de l'évolution des reliefs continentaux et de leurs rivages.

Essais de reconstitution des littoraux pour les diverses périodes géologiques.

Modifications latérales de faciès, et données que l'on peut en retirer.

Concordance des données tectoniques et des données paléogéographiques.

Nota. — Dans le cours de paléogéographie, on insiste spécialement sur les terrains tertiaires où les données paléogéographiques acquièrent une assez grande précision.

III. — Géodynamique externe et Géographie physique

Modelé par les eaux marines, par les cours d'eau, par les eaux sauvages, par les glaciers, par les courants aériens.

Exemples topographiques.

Etude des réseaux hydrographiques, superficiels et souterrains, leur évolution.

Les chaînes de montagnes. — Application de la Tectonique à leur étude géographique.

Les Océans. — Océanographie.

Evolution des océans (application de la paléogéographie).

Etude des grandes régions naturelles.

CONFÉRENCES

Stratigraphie. — Etude de la série sédimentaire et des principaux fossiles caractéristiques des divers étages.

Paléontologie. — Généralités sur les principaux groupes, leur classification, description des types dont la connaissance est exigée pour le certificat.

TRAVAUX PRATIQUES

Examen des fossiles, des roches sédimentaires et éruptives.

(La liste des espèces dont la connaissance est exigée est publiée séparément).

CERTIFICAT DE MINÉRALOGIE

M. FOURNIER, *chargé du cours.*

Cristallographie géométrique.
Cristallographie physique
Description des espèces minérales.

TRAVAUX PRATIQUES

Essais au chalumeau et par la voie humide.

Usage du microscope polarisant.

Mesures goniométriques.

Mesure de l'angle des axes.

Exercices divers concernant les propriétés optiques.

Mesure des densités, de la dureté, etc.

(La liste des espèces dont la connaissance est exigée est publiée séparément).

CERTIFICAT DE BOTANIQUE

M. MAGNIN, *professeur.*

L'enseignement normal (licence et P. C. N.) est complété par des leçons, conférences ou herborisations, ayant pour objet l'étude particulière des questions suivantes :

Influence du sol sur la végétation : influence de sa constitution physique et de sa composition chimique; plantes halophiles et plantes halophobes; plantes calcaricoles et plantes calcarifuges; leur distribution naturelle; expériences et cultures dans des sols artificiels.

Castration parasitaire : étude des causes produisant la castration, notamment des parasites végétaux; modifications de formes et de structure produites par le parasitisme; expériences.

Cryptogames de la région jurassienne, notamment les algues, les urédinées et les lichens.

Géographie botanique du massif jurassien : climats; zones de végétation; influence du sol; espèces disjointes; plantes endémiques; origine de la végétation du Jura; rapports avec les flores des régions voisines.

(Applications à l'agronomie.)

Limnologie : étude spéciale de la flore et des conditions de végétation des *lacs* et des *tourbières;* draguages; étude du *plancton* de nature végétale (phytoplancton)).

BOTANIQUE AGRICOLE

L'enseignement de la Botanique est complété par un cours de *Botanique agricole* créé par l'Université avec le concours du département du Doubs et de la Ville de Besançon. Ce cours est confié à M. Parmentier qui a organisé cet enseignement d'après le programme suivant :

I. *Enseignement*.

Le cours comprend notamment :

1o La nutrition de la plante et les fonctions spéciales de ses divers organes;

2o L'étude des sols et des engrais dans leurs rapports avec les fonctions de nutrition de la plante;

3o La reproduction proprement dite, la reproduction par multiplication et l'hybridation.

4o La production et la fixation de formes nouvelles.

5e L'étude des semences (degré de pureté, identité, faculté germinative et valeur culturale); leurs falsifications.

6o L'étude des familles, genres, espèces et variétés agricoles.

7o Les maladies des plantes agricoles;

8o La géographie botanique agricole.

Le cours est complété par des travaux de laboratoire et des excursions de botanique agricole.

II. *Station régionale d'essais de semences*.

III *Laboratoire de pathologie végétale* (maladies des plantes agricoles constatées en Franche-Comté).

INSTITUT BOTANIQUE

Lors de l'agrandissement des Facultés, en 1897-1898, les services de la *Botanique* ont été transportés dans un pavillon distinct, édifié dans le Jardin botanique, à Chamars. La construction, commencée en mai 1896, a été achevée en avril 1898; le premier cours a eu lieu le 20 avril 1898.

Le pavillon de l'*Institut botanique* comprend un rez-de-chaussée, un étage et des combles.

Au rez-de-chaussée se trouvent : 1o un amphithéâtre de cours, pouvant contenir 70 auditeurs; 2o un cabinet d'attente de professeur; 3o un laboratoire de recherches, avec étuves, hotte, aquarium, trompe, appareil microphotographique, chambre noire, etc., et destiné principalement à la *physiologie* et à la *pathologie* végétale; il communique directement avec les plates-bandes voisines du jardin botanique réservées aux expériences; 4o le logement du concierge. Le reste du rez-de-chaussée est occupé par les services d'histoire naturelle et de bactériologie de l'École de médecine

Le premier étage renferme : 1e le cabinet du directeur; 2o un vaste laboratoire d'élèves contenant *vingt-six places* avec un excellent éclairage; 3o le cabinet du chef des travaux; 4o un cabinet de manipulation pour le préparateur; 5° la galerie des *herbiers*; 6° un *musée* des produits de nature végétale.

Les combles doivent être transformés en un deuxième étage où l'on installera le service de la *botanique agricole* qui utilise, provisoirement, les locaux et les ressources de la botanique générale.

L'Institut est ouvert au public, tous les jours (sauf le dimanche), de 2 h. à 4 h. pendant l'hiver et de 9 à 11 h. le matin, 3 h. à 5 h. l'après-midi, pendant l'été.

Collections. Dans la galerie des *herbiers* on a réuni les principales collections botaniques de France et d'Europe, les *exsiccata* de Billot, Schultz, Magnier, Reichenbach, etc., le *Flora sequaniæ exsiccata*, les *Reliquiæ mailleanæ*, les *Rubus* de Wirtgen, Boulay, les Saules d'Anderson, la belle série des *Potamogetones suecici* de Tiselius, des plantes d'Algérie (Choulette, Flagey), de Belgique (Kickxia), de Laponie (Lœstadius), de Crimée (Société d'Emulation du Doubs), etc.; elle s'est enrichie, en 1892, des herbiers importants et typiques des botanistes *jurassiens*, De Jouffroy (1833-1859), Michalet (1829-1862), Blanche (1841-1871), Paillot (1829-1891); une bibliothèque botanique, autorisée par décision ministérielle du 18 février 1898, placée à côté des herbiers, contient toutes les publications concernant la flore *jurassienne* et les principales flores de France et d'Europe; des tables permettent à dix personnes d'y étudier, à la fois, les plantes de l'herbier.

Le *musée* qui doit renfermer toutes les productions d'origine végétale, fruits, graines, bois, fibres textiles, etc., est en voie d'organisation.

JARDIN BOTANIQUE

Le Jardin botanique actuel, au milieu duquel est construit l'Institut botanique, a été organisé en 1889-1890; il occupe une surface de 3,400 mètres carrés et renferme :

1° Une *Ecole de Botanique* où sont cultivées environ 2000 espèces, groupées par *familles*, dans des plates-bandes distinctes, disposées suivant leurs *affinités* naturelles ;

2° Des séries spéciales pour les *plantes utiles*, médicinales, alimentaires, oléagineuses, tinctoriales, textiles, avec *étiquettes explicatives* ;

3° Des collections spéciales, *plantes jurassiennes*, plantes alpines (rocailles), plantes dioïques (avec les deux sexes), vignes, céréales, etc., en voie d'organisation ;

4° Une serre et un bassin pour les plantes aquatiques.

Une *station météorologique*, — avec thermomètres à maxima et à minima, enregistreur Richard, pour la température de l'air, thermomètres à 10, 30 et 50 centimètres de profondeur pour la température du sol, pluviomètre, — est placée dans une des pelouses du jardin.

MUSÉE D'HISTOIRE NATURELLE

Le Musée d'histoire naturelle de l'Université de Besançon a été fondé en 1845, époque à laquelle la Ville céda à la Faculté son cabinet d'histoire naturelle, sous condition que les objets en faisant partie feraient retour à la Ville dans le cas improbable où la Faculté viendrait à être supprimée. En 1846, le musée s'enrichit des échantillons découverts par S. E. Ibrahim-Pacha, dans ses propriétés des environs du Caire. En 1861, la Société d'Emulation faisait don à la Faculté d'importantes collections géologiques.

Le Musée s'enrichit successivement par les dons de MM. Barrande, Vézian, Boyer, Henry, Barsot, Létondor, Grosrichard, par les envois du Ministère et les acquisitions faites par les laboratoires de Zoologie, de Minéralogie et de Géologie.

En 1898, lors de la construction de l'Institut botanique, les herbiers faisant partie de la collection du Musée furent transférés à l'Institut.

Les collections relatives à la Zoologie, à la Minéralogie et à la Pétrographie furent, dès les premières années de la fondation du musée, classées d'une façon rationnelle, seules les collections géologiques et paléontologiques restèrent pendant longtemps sans classement méthodique. M. Chudeau fut le premier à entreprendre la formation d'un *genera* paléontologique ; il classa d'une façon complète le groupe des Echinides et celui des Trilobites.

Depuis 1896, le professeur de Géologie a continué ce travail. Il a pu ainsi terminer le *genera* complet des Foraminifères, des Spongiaires, des Anthozoaires, des Hydrozoaires, des Echinodermes, des Brachiopodes, des Lamellibranches, et des Gastropodes ; il espère cette année terminer les Céphalopodes.

En outre du *genera* paléontologique, il a formé avec les échantillons doubles une série stratigraphique classée par étages.

La collection paléontologique du Musée de Besançon est sans contredit une des plus riches de province ; la série des Echinides, celle des Brachiopodes et desL amellibranches, sont particulièrement remarquables. Bien que le classement des Céphalopodes ne soit pas encore achevé, on peut constater que le groupe des *Ammonea* est représenté par un nombre très considérable de genres et d'espèces qui feront encore de cette série une des plus remarquables. Il faut encore citer un grand nombre de beaux moulages de Vertébrés fossiles, les uns donnés par le Muséum ou par le Ministère, les autres acquis par le laboratoire de Géologie.

Il faut citer parmi les collections zoologiques, une superbe collection d'oiseaux, un lot d'excellentes préparations de squelettes de Mammifères, d'Oiseaux et de Poissons, enfin une très remarquable collection de Lépidoptères donnée récemment au Musée par M. Grosrichard.

Le local du Musée consiste en une vaste salle de 55 mètres de longueur sur 15 de large, contenant 104 vitrines horizontales, 64 vitrines verticales et 418 tiroirs.

Le Musée est ouvert au public deux fois par semaine ; il est dirigé par les professeurs de Zoologie et de Géologie.

Les collections du Musée s'enrichissent par les dons des particuliers, de la municipalité ou des sociétés et par les achats faits par les laboratoires.

Certificat d'études physiques, chimiques et naturelles

L'enseignement des sciences physiques, chimiques et naturelles, plus spécialement destiné aux candidats au doctorat en médecine, est organisé à la Faculté d'une manière complète.

Les programmes suivis sont ceux qu'ont édictés les règlements généraux qui ont institué le certificat d'études P. C. N. et sont les mêmes dans toutes les Universités françaises.

Cet enseignement est aussi suivi avec fruit, pendant une première année préparatoire, par les candidats aux certificats d'études supérieures des sciences physiques et naturelles.

DROITS A PERCEVOIR

Les droits d'études et d'examens perçus à la Faculté des sciences sont les mêmes que dans les autres Universités, sauf en ce qui concerne les travaux pratiques pour lesquels la Faculté a adopté le tarif suivant :

Certificats d'études supérieures

Certificats de chimie générale et de chimie industrielle, par trimestre.................................:................. .... 11 fr. 50

Autres certificats, par trimestre.................... 10 fr. »

Les candidats aux certificats de calcul différentiel et intégral, d'astronomie et de mécanique n'ont pas de droits de travaux pratiques à verser.

Laboratoires de recherches

Laboratoires de chimie générale et de chimie industrielle, par trimestre...,................. 75 fr. »

Dans les autres laboratoires, par trimestre......... 50 fr. »

Les étudiants immatriculés à titre de *correspondants* sont dispensés du droit annuel (10 fr.) de bibliothèque.

OBSERVATOIRE ASTRONOMIQUE

L'Observatoire est dû à la généreuse initiative de la Ville de Besançon, du Département du Doubs et du Ministère de l'Instruction publique, réunissant leurs vues et leurs moyens.

La Ville désirait depuis longtemps, pour sa grande fabrique d'horlogerie, un service chronométrique sérieux et complet, analogue à celui de Genève ; le Département demandait, pour l'agriculture, un service météorologique bien outillé, pourvu des principaux enregistreurs ; l'Etat voulait installer un service astronomique pour obéir à un plan de décentralisation scientifique.

Aujourd'hui, ces trois services, inaugurés en 1885, fonctionnent pleinement, d'une manière satisfaisante.

Bâti sur les hauteurs pittoresques de la Bouloie, l'Observatoire est admirablement situé pour enregistrer le vent, la pluie, la neige et tous les phénomènes du rude climat de Franche-Comté. Aussi le service météorologique est-il muni des appareils les plus perfectionnés.

Pour le service astronomique, une lunette méridienne, deux équatoriaux, un altazimut, permettent les observations de haute précision.

Un équatorial photographique a été récemment installé, grâce auquel on peut obtenir des images des principales curiosités du ciel et faire une étude suivie des taches du soleil.

Mais les services astronomiques et météorologiques de l'Observatoire de Besançon ne sont que le cadre où se développe le service chronométrique, dont la belle fabrique bisontine apprécie de plus en plus l'utilité et l'importance.

Le 19 juin 1888, M. le Ministre de l'Instruction publique a institué un concours annuel entre les chronomètres déposés, et le 17 février 1900, il a créé un diplôme de régleur.

Le nombre des chronomètres déposés du 5 août 1885 au 5 mars 1900 est de 4,780, dont 4,771 chronomètres de poche et 9 chronomètres de marine.

408 ont été admis aux concours annuels.

325 ont obtenu des récompenses, savoir :

15 un premier prix, *médaille d'or* avec diplôme ;

34 un deuxième prix, *médaille d'argent* avec diplôme ;

63 un troisième prix, *médaille de bronze*, avec diplôme ;

93 une mention honorable ;

120 une mention simple.

Les montres ayant obtenu un bulletin de marche sont poinçonnées à l'Observatoire au moyen d'une machine construite par M. Hérique, aide-chronométrier.

Le service chronométrique a publié 11 bulletins annuels donnant le détail de tous les résultats obtenus.

Le service météorologique a publié 14 bulletins avec tableaux et diagrammes.

Le service astronomique a publié 11 bulletins contenant les observations méridiennes et équatoriales portant sur les étoiles fondamentales, le soleil, la lune, les petites planètes et les comètes.

M. Chofardet a trouvé une comète le 14 septembre 1898.

FACULTÉ DES LETTRES

Deux genres de cours existent à la Faculté des Lettres :

1° Les *Cours publics*;

2° Les cours et conférences préparatoires aux divers grades de l'enseignement secondaire : Agrégation, licence, certificats, etc.

Cours publics

Tout le monde est admis à ces cours sans condition, ni rétribution d'aucune sorte.

Chaque professeur choisit au début de l'année scolaire, le sujet qu'il se propose de développer.

Nous donnons ci-après, à titre de renseignement, les matières traitées dans les cours publics pendant ces dix dernières années.

Philosophie

M. COLSENET, *professeur.*

1888-89. — Les problèmes de l'Education. — Etude des divers systèmes proposés par les moralistes ou mis en pratique pour l'éducation de la jeunesse. — Examen des principales questions qui s'y rattachent.

1889-90. — Examen des principes de Psychologie de Herbert-Spencer et des critiques formulées contre la doctrine de l'auteur.

1890-91. — Suite du cours de l'année précédente

1891-92. — Principes de philosophie.

1892-93 — Suite du cours de l'année précédente.

1893-94. — Le mouvement philosophique contemporain.

1894-95. — Le mouvement philosophique contemporain (suite).

1895-96. — Questions de psychologie.

1896-97. — Questions de psychologie (suite).

1897-98. — Philosophie morale.

1898-99. — Problèmes de Morale sociale.

1899-1900. — L'Evolution de la Morale au XIXᵉ siècle.

Histoire et géographie de l'Antiquité et du Moyen-Age

M. SAYOUS, *professeur.*

1888-89. — 1º L'époque du roi Jean et d'Etienne-Marcel; 2º le règne de Louis XI; 3º l'Histoire de l'Architecture au Moyen-âge (moins la Renaissance italienne).

1889-90. — Histoire politique et artistique de Florence du XIIᵉ au XVIᵉ siècle.

1890-91. — Les Institutions mérovingiennes.

1891-92. — 1º Les Institutions de la France sous les Capétiens; 2º l'Europe orientale au Moyen-âge.

1892-93. — Les Beaux-Arts dans la France capétienne.

1893-94. — L'Italie artistique et politique pendant les XIIIe, XIVe et XVe siècles.
1894-95. — Les Beaux-Arts en Allemagne du XIe au XIIe siècle.
1895-96. — Histoire constitutionnelle de l'Angleterre.
1896-97. — Histoire constitutionnelle de l'Angleterre (suite).
1897-98. — L'Art Flamand au XVe siècle.

M. GUIRAUD, *chargé du cours.*

1898-99. — Histoire de l'Eglise au XVe siècle.
1899-1900 — 1° L'Eglise romaine primitive d'après les Catacombes; 2° l'Eglise et la Renaissance.

Histoire et géographie modernes
M. PINGAUD, *professeur.*

1888-89. — 1° L'Ancien régime et la Révolution, particulièrement en Franche-Comté; 2° Histoire et géographie des colonies françaises.
1889-90. — L'Europe et la Révolution française.
1890-91. — Suite du cours de l'année précédente.
1891-92. — Histoire diplomatique et militaire de la France pendant la Révolution.
1892-93. — Les libertés publiques sous l'ancien régime.
1893-94. — Histoire de la Révolution française en Europe.
1894-95. — Suite du cours de l'année précédente.
1895-96. — Suite du cours des années précédentes.
1896-97. — Suite du cours des années précédentes.
1897-98. — Histoire de la France sous le Consulat.
1898-99. — La France sous le Consulat et l'Empire.
1899-1900. — Le premier Empire.

Littérature française
M. DROZ, *professeur.*

1888-89. — Histoire de la poésie française au XVIe siècle.
1889-90. — Histoire de la poésie française au XVIe siècle (suite du cours précédent).
1890-91. — Suite et fin du cours des deux années précédentes.
1891-92. — Histoire du théâtre en France pendant la première moitié du XVIIe siècle.
1892-93. — La Tragédie après Corneille; Racine et les contemporains.
1893-94. — Etude sur l'histoire de la critique littéraire en France

à propos de la querelle des anciens et des modernes au xviiᵉ siècle.

1894-95. — Taine, essai sur les méthodes de la critique littéraire.

1895-96. — Taine, essai sur les méthodes de la critique littéraire (suite et fin).

1896-97. — Le Théâtre de Victor Hugo.

1897-98. — Suite du cours précédent.

1898-99. — La querelle des anciens et des modernes en France au xviiᵉ siècle.

1899-1900. — La poésie en France au temps du second Empire.

Littérature ancienne

M. NAGEOTTE, *professeur*.

1888-89. — Histoire de l'Art chez les Grecs et chez les Romains.

1889-90. — Histoire de l'Art chez les Grecs et chez les Romains (suite).

1890-91. — L'Art grec au vᵉ siècle.

1891-92. — L'Art grec au vᵉ siècle (suite).

1892-93. — L'Art grec au vᵉ siècle et au commencement du ivᵉ siècle (suite).

1893-94 — L'Epopée grecque.

1894-95. — Histoire de l'Art grec à partir d'Alexandre.

1895-96. — Histoire de l'Art grec aux temps primitifs. — Architecture.

1896-97. — Histoire de l'Art grec des origines à Phidias.

1897-98. — La Statuaire grecque au vᵉ siècle.

M. VERNIER, *professeur*. .

1898-99. — L'Art des vers chez les anciens et les imitations modernes.

1899-1900. — La Comédie grecque.

Littérature étrangère

M. BOUCHER, *professeur*.

1888-89. — Le Théâtre anglais avant Shakspere.

1889-90. — L'œuvre et la vie de lord Byron.

1890-91. — Les Humoristes anglais.

1891-92. — Les Humoristes anglais (suite).

1892-93. — Lord Tennyson et son œuvre poétique.

1893-94 — L'œuvre et la vie de Dickens.

1894-95. — Le théâtre en Angleterre avant Shakspere.
1895-96. — Chaucer.
1896-97 — Henri Heine et ses récents critiques.
1897-98. — Les œuvres de Robert Browning.
1898-99. — Shakspere et ses récents critiques.
1899-1900. — Chaucer.

Cours et Conférences préparatoires aux grades

AGRÉGATIONS ET CERTIFICATS

La Faculté prépare, en se conformant aux programmes qui régissent la matière, aux divers concours de l'enseignement secondaire ainsi qu'au diplôme d'études supérieures d'histoire.

LICENCE

La Faculté est autorisée à conférer le grade de licencié dans les ordres suivants :
Philosophie.
Histoire.
Lettres.
Langues vivantes (Allemand).

La préparation à ces divers grades est organisée conformément aux règlements généraux qu'il est superflu d'exposer ici. Nous nous bornerons à appeler l'attention sur les points propres à l'Université de Besançon, savoir : Matières à option et Auteurs à expliquer aux examens de la licence.

MATIÈRES A OPTION
(Arrêté du 3 août 1895)

LICENCE AVEC MENTION : LETTRES
Examen écrit.

Littérature grecque.
Littérature latine.
Littérature française.
Littérature allemande ou anglaise.
Grammaire d'une des trois langues classiques.
Eléments de grammaire comparée.
Histoire des institutions grecques et romaines.

Examen oral.

Les mêmes matières que ci-dessus et, en outre :
Histoire de la philosophie.
Histoire ancienne.
Histoire moderne.
Métrique.
Histoire de la langue française.

LICENCE AVEC MENTION : PHILOSOPHIE

Examen oral.

Histoire ancienne.
Histoire moderne.
Histoire d'une littérature classique ou de la littérature alle-
    mande ou anglaise.
Mathématiques (Faculté des sciences).
Zoologie (Faculté des sciences).
Physiologie (Ecole de médecine).

LICENCE AVEC MENTION : HISTOIRE

Examen oral.

Histoire de la philosophie.
Histoire d'une littérature classique ou de la littérature alle-
    mande ou anglaise.
Géologie (Faculté des sciences).

LICENCE AVEC MENTION : LANGUES VIVANTES

Examen oral.

Une quelconque des matières ci-dessus enseignées à la Faculté.

LISTE DES AUTEURS

devant servir à l'explication dans les épreuves de la licence ès-lettres,
pendant une période de deux années, à dater du 1er juillet 1900.

(Arrêté du 28 juillet 1899)

I. *Auteurs grecs.*

HOMÈRE — *Odyssée VI.*
THÉOCRITE. — *Les Syracusaines.*
DÉMOSTHÈNE. — *Olynthiennes I et II.*
PLATON. — *Protagoras,* chap. 1-20.
XÉNOPHON. — Anabase, I.
HÉRONDAS. — Mimes (Διδάσκαλος).
ARISTOPHANE — Les Grenouilles (du vers 814 à la fin).

II. *Auteurs latins.*

HORACE. — *Odes*, liv. I. — *Epîtres :* I, 7; II, 1.
CICÉRON. — *Pro Archia.* — De Officiis, liv. III.
TACITE. — *De Oratoribus*
CATULLE. — Epithalame de Thétis et de Pélée.
PROPERCE. — IV, 1 et IV, 11.
PHÈDRE. — Fables.
TITE-LIVE. — Livre II.

III. *Auteurs français.*

RABELAIS. — Livre I, Gargantua, chap. 23, 24; liv. II, Pantagruel,
    chap. 8.
RONSARD. — Les Hymnes (Poésies choisies par Becq de Fou-
    quières).
CORNEILLE. — Polyeucte.
RACINE. — *Andromaque.* — Les Plaideurs.
MOLIÈRE. — Tartuffe.
LA FONTAINE. — *Fables*, liv. VI. Psyché, liv. I.
PASCAL. — Pensées. (Edition Brunschwicg), section 1.
BOSSUET — Lettre au pape Innocent XI (8 mars 1679). Oraison
    funèbre de Condé.
MONTESQUIEU. — *De l'Esprit des Lois*, liv. XIV, XV, XVI, XVII.
J.-J. ROUSSEAU — Emile, livre II.
CHATEAUBRIAND. — René.
VICTOR HUGO. — Ruy Blas.
MICHELET. — *Histoire de France : Préface de 1869.*

IV. *Auteurs allemands.*

GŒTHE. — *Faust (Erster Theil).*
H. HEINE. — *Reisebilder (die Harzreise).*
SCHILLER. — Die Braut von Messina.
WIELAND — Musarion.
*Le XIXᵉ siècle en Allemagne (Extraits des philosophes, des écri-
    vains, etc., du XIXᵉ siècle). — Recueil de L. Weil.*

En outre de la préparation aux grades, un cours de langue
russe a été organisé depuis l'année 1898-99.

En dehors des ressources de la Bibliothèque offerte aux étudiants, une collection de moulages a été commencée à la Faculté des Lettres, ainsi qu'une collection déjà très complète de
photographies se rapportant à l'histoire de l'art dans les différents pays.

DROITS A PERCEVOIR

Les droits d'études et d'examens perçus à la Faculté des Lettres sont fixés par les règlements d'une manière uniforme pour toutes les Universités.

La seule particularité qu'il convienne de signaler, c'est que les étudiants immatriculés à titre de *correspondants* et ceux qui suivent le *cours de langue russe* sont dispensés du droit annuel (10 fr.) de bibliothèque.

ÉCOLE DE MÉDECINE

L'Ecole de médecine réorganisée en 1889 comprend tous les enseignements prévus par les règlements dans les établissements de cette nature.

Doctorat en médecine. — Les candidats au doctorat peuvent faire à Besançon leurs trois premières années d'études. Ils y subissent les deux premiers examens.

Pharmacie de 1re classe. — Les aspirants au titre de pharmacien de 1re classe sont admis à faire à Besançon leurs deux premières années de scolarité. Ils subissent deux examens de fin d'année.

Pharmacie de 2a classe. — Les candidats à ce grade font à Besançon leurs études complètes.

Sages-femmes de 2a classe. — Les élèves de la Maternité de Besançon subissent à l'Ecole les deux examens prescrits pour le titre de sage-femme de 2e classe et y obtiennent leur diplôme.

Les aspirantes à la 1re classe peuvent subir le premier examen à l'Ecole.

Herboristes de 2e classe. — L'Ecole confère le titre d'herboriste de 2e classe.

ENSEIGNEMENT

L'enseignement médical et pharmaceutique est coordonné de façon à permettre aux élèves d'arriver aisément aux grades en vue desquels ils se sont fait inscrire. Il a un caractère et des procédés précis. Le professeur doit remplir fidèlement son programme : il s'en suit qu'il n'a point de tendance à des digressions oiseuses.

L'enseignement affecte trois formes essentielles :

1° Les *Cours*, où les professeurs développent oralement le plan qui leur est tracé par le titre même de leur chaire ;

2° Les *Travaux pratiques* dans lesquels les élèves, sous une direction attentive et compétente, s'exercent aux manipulations, s'habituent à faire usage des instruments, des réactifs, etc., et acquièrent la dextérité nécessaire pour procéder à des recherches délicates ;

3° Les *Conférences*. Sous une forme familière, le professeur entre en communication avec ses auditeurs. Il les interroge, répond à leurs demandes et les accoutume à subir les épreuves ultérieures des examens et des concours.

Cliniques et services hospitaliers. — Trois services de cliniques existent à l'Ecole : ceux de médecine et de chirurgie sont installés à l'hôpital Saint-Jacques, contigu à l'Ecole ; celui d'obstétrique dépend de l'hospice Saint-Jean l'Aumônier, autrement dit asile de Bellevaux.

A l'hôpital Saint-Jacques, les médecins et chirurgiens sont exclusivement recrutés parmi les professeurs de l'Ecole, qui dispose, dans les divers services, de près de 200 lits.

A l'hôpital Saint-Jean l'Aumônier, la clinique obstétricale dispose de 30 lits. Ce nombre sera augmenté lorsque la reconstruction qui vient d'être décidée aura été effectuée.

L'Ecole est pourvue de tous les laboratoires que comportent ses divers enseignements et dans le détail desquels il est superflu d'entrer. Nous nous bornerons à remarquer que leur installation est aussi complète que l'exigent les besoins du service ; l'amphithéâtre d'anatomie, notamment, jouit de ressources exceptionnelles pour les travaux de dissection.

Ajoutons parmi les ressources que les étudiants peuvent trouver à l'Ecole, un Musée et un Jardin botanique, ce dernier commun avec la Faculté des Sciences. Depuis plusieurs années, la bibliothèque de l'Ecole a été transférée dans les locaux de la bibliothèque de l'Université. Le Musée d'histoire naturelle, ainsi que la Bibliothèque de la Ville, sont également à la disposition des élèves en médecine et en pharmacie.

BIBLIOTHÈQUE DE L'UNIVERSITÉ

La Bibliothèque occupe à elle seule tout le deuxième étage du principal bâtiment de l'Université construit en façade sur la rue Mégevand.

Elle compte 21.600 volumes (non compris les thèses de doctorat qu'elle reçoit chaque année par voie d'échange avec les Universités étrangères depuis 1882). Avec les dons et les acquisitions, elle s'accroît d'environ 700 volumes par an. Cinq salles sont affectées au dépôt des livres. Il y a deux salles de lecture, dont l'une est réservée aux professeurs de l'Université de Besançon, tandis que l'autre, plus vaste, est fréquentée par diverses catégories de lecteurs, professeurs de l'enseignement secondaire, médecins de la Ville, etc., mais surtout par les étudiants. Deux mille volumes environ, choisis parmi les ouvrages de référence les plus utiles et les livres de l'usage le plus journalier sont disposés au pourtour de ces salles où ils sont, ainsi que les numéros les plus récents des principales publications périodiques, à la libre disposition des lecteurs.

Le règlement de la Bibliothèque de l'Université de Besançon ne diffère que par quelques points d'importance tout à fait secondaire des règlements analogues des autres bibliothèques universitaires françaises.

La Bibliothèque de l'Ecole de Médecine de Besançon en vertu d'une double autorisation, tant du Conseil municipal de Besançon que de M. le Ministre de l'Instruction publique, a été transférée lors de la reconstruction des Facultés, dans le local de la Bibliothèque Universitaire qu'elle complète ainsi de la façon la plus heureuse. Ses livres sont rangés sur des rayons qui lui sont spécialement dévolus, de telle sorte qu'on ne puisse jamais confondre les deux fonds; l'administra-] tion des deux bibliothèques est dans les mêmes mains, les mêmes salles de lecture servent aux deux, les mêmes lecteurs peuvent user de l'une aussi bien que de l'autre; mais les deux budgets restent distincts La subvention de la Bibliothèque de l'Université est fournie par l'Etat, la ville de Besançon entretient la Bibliothèque de l'Ecole de médecine. Les droits de bibliothèque versés par les étudiants apportent à l'un, comme à l'autre budget un appoint qui n'est pas à dédaigner.

Une tradition ancienne, et celle-là des plus respectables, veut que les médecins civils et militaires de la ville de Besançon usent de la Bibliothèque de l'Ecole de médecine au même titre que les professeurs et les étudiants. Cette catégorie de lecteurs apprécie tout particulièrement les avantages que lui offre l'installation de la bibliothèque dans un local commodément disposé et sait un gré particulier à l'Ecole de médecine et à la Municipalité des sacrifices qu'elles s'imposent tous les ans pour maintenir la Bibliothèque, avec des ressources bien modestes, au courant des derniers progrès des sciences médicales, grâce à l'emploi judicieux des fonds disponibles.

Enfin, une entente conclue entre la Bibliothèque de la Ville de Besançon (1) et la Bibliothèque de l'Université, fait qu'on évite dans les acquisitions que font ces deux établissements tout double emploi de quelque importance.

STATISTIQUE DES ÉTUDIANTS

Restreinte à trois établissements (deux facultés et une école de médecine), l'Université de Besançon ne peut égaler par le nombre total de ses étudiants les universités plus complètes et notamment celles à qui est échue une faculté de Droit.

Le tableau ci-après démontrera cependant que comparées aux facultés de même ordre les facultés de Besançon sont aussi prospères que celles des autres Universités. Une augmentation sensible s'est même produite depuis 1898, date de l'application de la loi sur les Universités et de l'institution de nouveaux droits. Cette augmentation, qui ne peut que s'accentuer, est due à l'accroissement des ressources scientifiques et littéraires mises à la disposition des étudiants tant par l'Université elle-même que par le département du Doubs et la ville de Besançon.

Nous donnons ci-après le relevé des étudiants par établissement, dans ces dix dernières années.

	SCIENCES.	LETTRES.	MÉDECINE.	TOTAL.
1889-90............	61	63	57	181
1890-91............	69	105	48	222
1891-92............	70	87	64	221
1892-93............	63	86	75	224
1893-94............	64	76	79	219
1894-95............	55	75	65	195
1895-96............	60	76	43	179
1896-97............	63	80	66	209
1897-98............	75	72	43	190
1898-99............	88	86	67	241
1899-1900.........	99	70	76	245

(1) La Bibliothèque de la Ville est aussi largement ouverte aux étudiants et aux professeurs qui peuvent y emprunter des livres.

Les étudiants de l'Université de Besançon ont fondé une Association qui a pour but de réunir les élèves des diverses Facultés et Ecoles, leur procurer de bonnes distractions et les aider, autant qu'il est possible, dans les difficultés matérielles de leur vie. Le jeune bachelier qui vient suivre les cours de l'Université y trouve immédiatement tous les renseignements dont il a besoin pour s'installer. Il peut y aller à toute heure; il y causera avec des camarades, il lira des journaux et des revues, il fera de la musique, il passera ainsi de bons moments, et il se formera l'esprit en sortant du cercle restreint de ses études particulières. Une fois par mois des concerts intimes réunissent les membres de l'Association et, autant que les finances le permettent, chaque année des fêtes plus grandes sont données au profit d'œuvres de bienfaisance. Par tous les moyens on cherche à rendre aux étudiants la vie plus facile en leur procurant des avantages de toutes sortes.

L'Association est administrée par les étudiants eux-mêmes, sous la direction d'un professeur de l'Université.

RESSOURCES MATÉRIELLES

On vient de voir dans les chapitres précédents l'énumération des ressources scientifiques mises à la disposition des étudiants. Nous terminerons par l'indication des ressources matérielles.

La partie la plus considérable incombe à l'Etat qui fournit pour les frais matériels de l'Université une subvention annuelle de 39,394 fr.

A cette subvention viennent s'ajouter les ressources propres de l'Université (produit des droits d'études, de bibliothèque, de travaux pratiques) qui se sont élevées, en 1899, à 14,390 fr. 50.

En outre, le département du Doubs et la Ville de Besançon allouent les subventions suivantes pour contribuer à l'entretien de certaines chaires, et pour faciliter les études de jeunes gens nés en Franche-Comté et dans le territoire de Belfort, savoir :

Département du Doubs

2.000 fr. pour la chaire de chimie industrielle et agricole.
1.000 fr. pour un cours complémentaire de botanique agricole.
1.000 fr. pour une bourse d'étudiant à la Faculté des Lettres.

1.000 fr. pour une bourse d'étudiant à la Faculté des Sciences.
3.000 fr. pour plusieurs bourses à l'École de Médecine et de Pharmacie.

Ville de Besançon

4.000 fr. pour l'Observatoire astronomique.
1.900 fr. pour l'entretien du Jardin botanique.
2.000 fr. pour la chaire de chimie industrielle et agricole.
  500 fr. pour un cours de botanique agricole.

L'Université contribue elle-même, avec ses propres ressources, à l'entretien du cours de botanique agricole subventionné par le Département et par la Ville.

Elle a créé de plus, à la Faculté des Lettres, un cours complémentaire de vieux français et un cours de langue russe.

—————

Les renseignements ci-dessus ne se rapportent qu'aux Facultés des Sciences et des Lettres, à la Bibliothèque et à l'Observatoire.

L'École de Médecine, établissement municipal, est entièrement à la charge de la ville qui encaisse les recettes provenant des droits d'études et solde toutes les dépenses.

Le budget de cet établissement s'élève à 55,000 francs par an environ.

Ajoutons que, à la suite d'une décision du Conseil municipal en date du *28 novembre 1893*, la ville a pris à sa charge la reconstruction complète des bâtiments de l'Université. Les travaux sont aujourd'hui achevés et chaque service a pris possession des locaux qui lui étaient destinés.

BESANÇON. — TYP. ET LITH. DODIVERS.

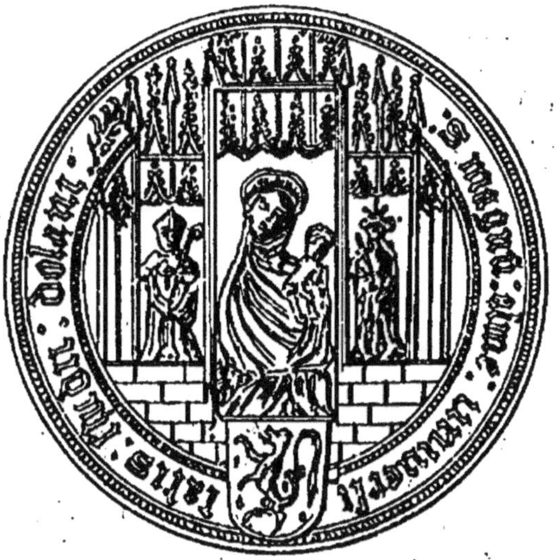